心理健康教育概论

XIN LI JIAN KANG JIAO YU GAI LUN

主　编　王晓冬　马东霞

副主编　纪克玲　李秀玲　王昱　刘晖

山东人民出版社

国家一级出版社　全国百佳图书出版单位

编 委 会

主　编　王晓冬　马东霞

副主编　纪克玲　李秀玲　王昱　刘晖

编　者　丁莉华　邢秀苹　谢鲁峡　靳冬英

　　　　　滕春霞　逯明霞

前　言

在职业院校开展心理健康教育，是促进学生全面发展的需要，是实施素质教育、提高学生综合职业能力的必然要求。本书根据教育部印发的职业院校《心理健康教学大纲》要求，结合职业院校学生的心理特点编写而成。旨在帮助学生树立心理健康意识，增强心理调适能力，预防和缓解心理问题，促进学生身心健康的全面发展。

职业院校的学生作为青少年群体中一个既相互联系又相对独立的群体，正处于身心发展的关键期，他们的心理特点既有青少年群体的共性又有他们这个群体的相对独特性，在竞争日益激烈的环境下，学生们在自我意识、人际交往、情感、学习，就业等方面难免会产生或多或少的心理困惑，甚至心理偏差。然而，当前专门用于职业院校学生心理健康教育的教材很少，而其他心理健康教育教材又缺乏针对性，鉴于此，我们组织编写了这本书，以满足职业院校心理健康教育教学的需要。

本书从职业院校教育培养目标的实际需要出发，立足课堂教学，面向全体学生，按照知识性与实践性相结合、针对性与趣味性相结合等基本原则编写而成。全书共十二章，涉及心理学的基础知识、环境适应、自我认知、情绪管理、人格完善、情绪管理、人际交往、恋爱心理、挫折教育、网络健康教育、异常心理与心理困惑、职业心理等多方面内容，突出心理健康教育的预防性功能、发展性功能。从积极的视角，用丰富的内容和多样的方式对学生进行心理健康教育，促进学生内在心理品质的养成和心理潜能的开发，提高学生自我解决心理问题的能力和心理调适能力。

本书体例新颖、案例丰富，将抽象的理论知识融入真实的生活，具有较强的实用性、趣味性。本书既可以作为职业院校心理健康教育的教材，又可以作为职校生心理健康教育的读物。我们期待着它成为正在成长道路上的职校生的最好礼物，成为帮助职校生迎接挑战、发展自我的“良师益友”。

本书在编写的过程中，参阅了国内外心理学研究领域的有关学术成果，参考了大量的文献资料，在此谨向相关的专家学者和老师表示衷心的感谢！

由于水平有限，疏漏在所难免，希望专家和广大读者批评指正。

目 录

第一章　心理健康导论

【案例导读】

在同学和老师眼里，小微如邻家女孩那般亲切，可是只有她自己知道，她每天在用着怎样的毅力与自己的怪癖做斗争。每当课间或放学需要离开座椅的时候，她总是觉得尴尬万分，因为她做不到像别人那样潇洒地起身离开，她有不得不完成的仪式性动作。每次从座椅上站起来，小微总要把椅子端正摆好，而后认真地擦拭三遍，每一遍的顺序都是固定的，不能被打扰，不能出现错误。若是没有摆放好椅子或者没有按顺序擦拭就离开，小微就会觉得焦虑万分，会想尽一切办法再回到现场重新把自己的程序再走一遍。这个怪癖已经陪伴她快一年了，她不知道还会困扰她多久。

【讨论】

1. 针对小微的表现，你认为她属于健康人群吗？

2. 你怎么看待心身健康的概念？

【本章要点】

▶了解健康及心理健康的概念

▶掌握职业技术院校学生心理健康的标准

▶了解职业技术学校学生常见的心理问题

▶了解职业技术院校学生健康心理的培养要点

随着现代社会的高速发展，人们的生活节奏不断加快，竞争越来越激烈，人际关系变得越来越复杂，人们的观念意识和情感态度起伏多变，各种利益关系上的矛盾和冲突越来越多。科技进步、知识和信息爆炸性地增加，迫使人们不断地进行知识更新，在这种激烈复杂的社会变革下，相当多的人一时

难以适应，进而在心理上感到迷惘、困惑，这种心理上的不适感若得不到及时的调节和排除，长期压抑下去，将会演变成严重的心理问题，并有可能导致极端行为的发生。

职业技术院校的学生作为一个思想活跃、感受灵敏、对未来没有太大目标、对挫折承受力不强的特殊群体，面临着更多的机遇和挑战，承受着更大的压力与冲突，心理健康问题较之其他社会群体显得更为突出。因此，掌握心理健康知识，提高心理健康水平，及时调适不良心理，已经成为当代职业技术院校心理健康教育和促进学生自身成长的一项重要任务。

第一节　健康新观念

什么是健康？在过去很长一个时期，人们普遍认为“健康就是没有疾病和不虚弱”。这是从生物医学模式的角度看，通常用人体测量、体格检查和各种生理指标来衡量。现在，随着生物医学模式向生物—心理—社会医学模式的转变，人们对健康有了更深刻的理解。

一、健康的标准

联合国世界卫生组织提出了21世纪健康新概念：“健康不仅是没有疾病，而且包括躯体健康、心理健康、社会适应良好和道德健康。”由此可知，健康不仅仅是指躯体健康，还包括心理因素，而且精神心理的健康是更高层次的健康。

世界卫生组织还进一步规定了健康的10项标志：

1. 有充沛的精力，能从容不迫地应付日常生活和工作压力，不感到过分紧张。

2. 态度积极乐观，勇于承担责任，心胸开阔。

3. 精神饱满，情绪稳定，善于休息，睡眠良好，能保持良好的心境。

4. 自我控制能力强，善于排除干扰。

5. 应变能力强，能适应外界环境的各种变化。

6. 体重得当，身材均匀，站立时，头、肩、臂的位置协调。

7. 眼睛明亮，反应敏锐，眼睑不易发炎。

8. 牙齿清洁，无孔洞，无痛感，齿龈颜色正常，无出血现象。

9. 头发有光泽、无头屑。

10. 肌肉和皮肤富有弹性，步伐轻松自如。

综上所述，健康既包括身体健康又包括心理健康。那么，什么是心理健康呢？

二、心理健康的含义

心理健康包括正常的智力、情商，良好的意志品质，积极的处世态度、良好的交际能力，健全的人格品质等。世界卫生组织把心理健康定义为：一种持续高效而满意的心理状态，在这种状态下，生命具有活力，潜能得到开发，价值得到实现。

心理健康有广义和狭义之分。从广义上讲，心理健康是一种持续高效而满意的心理状态；从狭义上讲，心理健康是知、情、意、行的统一，是人格完善协调，社会适应良好，以预防心理障碍和问题行为为主要目的。基于以上观点，我们认为心理健康是指个体在适应环境的过程中，生理、心理和社会性方面达到协调一致，保持一种良好的心理功能状态。所谓良好的心理功能状态，并不是绝对的，而是相对的。即个体心理在自身和环境条件许可的范围内所能达到的最佳心理功能状态，而不是绝对完美的心理功能状态。良好心理功能状态的相对性包含两层含义：

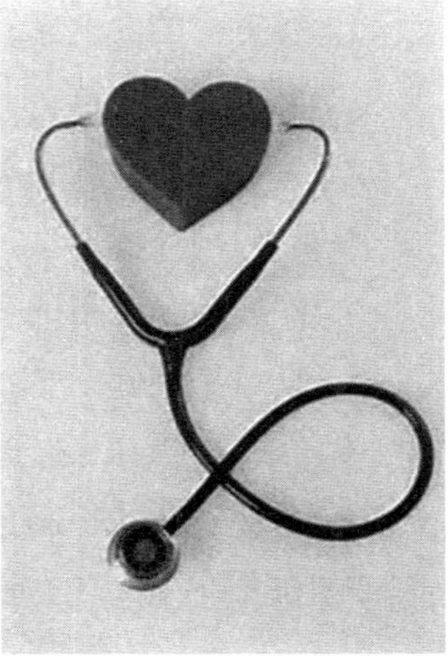

一是个体的心理与大多数人相比，其心理功能是正常的；

二是心理健康与心理疾病是心理功能状态这一序列的两极，是一种相对关系，并不是一种非此即彼的关系。

保持良好的心理功能状态，必须符合以下三

项基本原则：

（1）心理活动与客观环境的同一性原则。不论在形式上还是内容上都应与客观环境保持同一。

（2）心理过程之间的协调一致性原则。即一个人的认知、情感、意志等心理活动保持与自身的完整统一、协调一致，保证准确有效地反映客观现实。比如一个人对令人愉快之事却做出的反应，而对使人痛苦之事却做出欢喜的反应，这就是心理异常的表现。

（3）个性特征的相对稳定性原则。即一个人在长期的生活经历中形成的个性心理特征具有相对稳定性，一般是不易改变的。但是，如果在外部环境没有发生巨大变化的情况下，一个人的个性出现明显变化，就应考虑其心理活动是否出现异常。如一个平常热情活泼的人，突然变得沉默寡言、一反常态，这就是心理异常的表现。

三、心理健康的标准

一个人的心理健康与否应如何判断？它的标准和依据是什么？目前理论界存在不同的看法，还没有一个绝对统一的标准。许多专家和学者提出了自己的观点，1946 年第三届国际心理卫生大会具体指明心理健康的标准是：1. 身体、智力、情绪十分调和；2. 适应环境，人际关系中彼此能谦让；3. 有幸福感；4. 在工作和职场中，能充分发挥自己的能力，过有效率的生活。

美国著名心理学家马斯洛和密特尔曼曾提出心理健康的10 条标准：

1. 有充分的安全感；
2. 充分了解自己，并能恰当地评价自己的能力；
3. 生活的理想和目标切合实际；
4. 与周围环境保持良好的接触；
5. 保持自身人格的完整与和谐；
6. 具备从经验中学习的能力；
7. 保持适当和良好的人际关系；
8. 适度表达和控制自己的情绪；
9. 在集体允许的前提下，有限

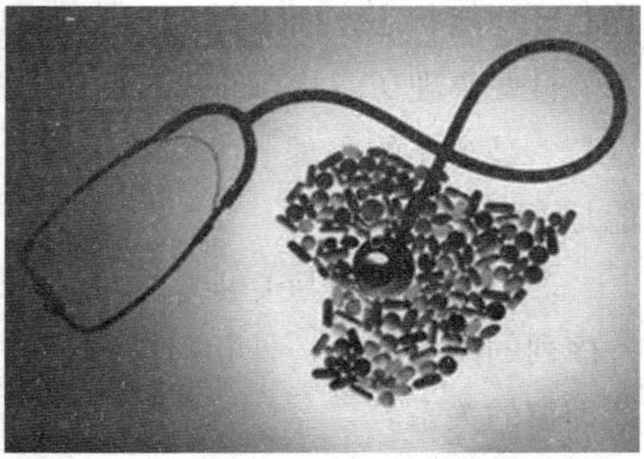

度地发挥自己的个性；

10. 在社会规范的范围内，智谋地满足个人的基本要求。

四、职业技术院校学生心理健康的标准

职业技术院校学生的年龄一般为15～20岁，心理学上称此年龄段为“青年前、中期”。其心理是否健康一般采用量表测量，其标准也不是固定不变的，它随着时代的变迁、文化背景的变化而变化。一般从以下几个标准着重考虑：

1. 智力正常。智力是人的观察力、注意力、记忆力、创造力及实践活动能力等的综合，包括在经验中学习或理解的能力、获得和保持知识的能力、迅速而成功地对新情境做出反应的能力、运用推理有效地解决问题的能力等。这是职业技术院校学生学习、生活与工作的基本心理条件之一。

2. 能正确地认识自我和悦纳自我。正确地认识自我是指以积极进取的人生观作为人格的核心，并以此为中心把自己的需要、目标和行动统一起来。在进行自我观察和自我评价时，能做到自知，恰如其分地认识自己，摆正自己的位置；既不以自己在某些方面高于别人而自傲，也不以某些方面低于别人而自卑；能接纳自己，自尊、自强、自爱适度，正视现实，积极进取。

3. 情绪稳定协调。其标志是情绪稳定和心情愉快。包括：正性情绪多于负性情绪，乐观开朗，对生活充满希望；情绪较稳定，既能克制又能合理宣泄自己的情绪，情绪的表达既符合社会的要求又符合自身的需要，在不同的时间和场合有恰如其分的情绪表达；情绪反应与环境相适应，反应的强度与引起这种反应的情境相符合。

4. 保持完整统一的人格品质。人格是个体比较稳定的心理特征的总和。人格完整就是指有健全统一的人格，个人的所想、所说、所做都是协调一致的，具有积极进取的人生观。人格完善包括人格构成要素的气质、能力、性格和理想、信念等各方面的平衡发展。

5. 意志健全，保持良好的环境适应能力。意志是人在完成一种有目的的活动时进行的选择、决定与执行的心理过程。意志健全的学生在各种活动中都有自觉的目的性；能适时地做出决定并运用切实有效的方式解决所遇到的问题；在困难和挫折面前，能采取合理的反应方式，能在行动中控制情绪并

言而有信，而不是盲目行动、畏惧困难。

6. 保持人际关系和谐。良好而深厚的人际关系，是事业成功与生活幸福的前提。其表现为：经常保持愉快、开朗、乐观的心境，对生活和未来充满希望，积极的交往态度多于消极态度，交往动机端正。

7. 社会适应良好。社会适应是健康的必要条件，也能反映出个体的心理健康状况。个体与客观现实环境保持良好适应，既要进行客观观察以取得正确认识，以有效的办法应对环境中的各种困难，不退缩，又要根据环境的特点和自我意识的情况努力进行协调，或改变环境使其适应个体需要，或改造自我以适应环境。

8. 心理行为符合自身年龄特征。人的不同年龄阶段有相应的心理行为表现，职业技术院校的学生是处于特定年龄阶段的特殊群体，应具有与年龄及角色相适应的心理行为特征，应是精力充沛，喜欢探索；过于老成或幼稚，都是心理不健康的表现。

心理健康是一个动态的变化过程，心理健康的标准是一种理想尺度，给个体一个提高心理健康水平的努力方向。事实上，心理健康与不健康之间并没有明显界限。在成长过程中，我们会面临很多问题，自觉提高自我保健意识，及时进行自我调整，并懂得寻求相应帮助，很多心理问题就可能得到及时解决。

第二节　职业技术院校学生的心理健康现状及常见问题

【案例导读】

案例一

咨询室里曾经接待过这样一位女生：咨询室里光线并不强，但这位女生却不肯摘下墨镜，最后在心理老师再三的宽慰、了解后，才明白她是觉得自己的两只眼睛长得不一般大。她称自己是前段时间偶然照镜子时发现的，当时心里并没有太在意。后来有一天去食堂买饭时，发现有一个男生好像回头看了她两眼，她就认为那男生一定是看出了她两只眼睛不一般大，可能会暗暗笑她。从此她总担心在与人目光对视时会被别人发现她眼睛的秘密，所以才买了宽边的墨镜戴上，只希望大家都不要发现她的这个缺陷。

案例二

小明在学校几乎没有知心朋友，也许是性格太内向，他总担心自己与他人交谈时会被人笑话不会说话，所以，在同学们聊天的时候他总是想先打好腹稿再说出来。可是，等他想好怎么说时，同学们早已进入了下一个话题，小明只好再继续想该怎样交流。每次都是这样，还没等他组织好语言，话题已转换了好几个。有时，旁边的同学也会转身问他怎么看，这时，所有人的目光都转移到小明身上，小明登时面红耳赤，讷讷地说不出话来。渐渐的，大家也就不再问他，小明也觉得自己在人群中很自卑，索性不再与同学交流，转而开始在网上交朋友，奇怪的是平时木讷的小明在网上可以妙语如珠地和人聊得很开心，他还在这些朋友的指导下，加入了游戏的战团。在网上，小明找到了感觉，可是，下线后，他还是那个不能与人进行正常交流的木讷男孩儿，小明感觉自己越来越不想离开网络了。

在职业技术院校的学生中有一定比例的人存在着各种不同程度、不同类型的心理异常现象，给其学习、生活和健康发展带来了严重的影响，必须引起高度重视。他们存在的主要心理健康问题主要有以下几方面。

1. 适应问题

职业技术院校学生面临着选择适合自己的专业、为择业和就业做好角色转变等任务，这些新任务的到来可能引发许多心理问题。特别是新生入校后生活环境、人际关系、心理状态都发生了很大变化。原有的心理定式和习惯模式都被打破，面临着在校期间角色变化的心理适应、日常行为习惯的心理适应、任务转化中的心理适应、毕业时的心理适应等问题，这种种问题使得部分同学会消极地评价环境变化，抱怨学校，抱怨老师，极度失落，甚至自我封闭。如果这种状态得不到及时调整，就会出现失眠、注意力不集中、烦躁等心理障碍的症状，严重者可能会影响学业的顺利进行，甚至导致休学、退学。

2. 人际交往问题

校园生活中良好的人际关系不仅直接影响学生的学习和生活，而且直接影响他们的心理健康。因为人类的适应最主要是人际关系的适应，人类的心理障碍主要是由人际关系失调而引发的。良好的人际交往会帮助他们消除孤独感，建立安全感和归属感，得到支持与理解，以及精神上的愉悦和满足，促进心理健康；然而很多学生存在着不敢交往、不愿交往、不会交往的心理，使自己陷于困惑和苦闷状态，承受着孤独与寂寞，身心健康就会受到损害。

3. 自我意识问题

在职业技术院校学生的自我发展中，既存在着自我认识、评价与实际情况之间的差距，同时又存在着理想自我与现实自我的差距。心理学研究结果表明，理想自我与现实自我之间的过分失调往往是产生心理问题的重要原因。如何协调理想自我与现实自我的差距，以及如何正确看待自己，是职业技术院校学生面临的一个非常重要的课题。他们的自我意识问题主要表现为以下相互矛盾的倾向：过度的自我接受与过度的自我拒绝；过强的自尊心与过度的自卑感；自我中心与从众心理；过分的独立意识与过分的逆反心理。

4. 情绪困扰问题

积极稳定的情绪反应和良好的情绪管理能力是职业技术院校学生顺利成长的重要因素，也是心理健康教育中值得重视的问题。一般认为，适度的、情境性的负性情绪反应，如考试中的紧张，失意后的悲伤等情绪是正常的。但是，如果不能很好地处理生活和学习中的各种问题，极易产生不同程度的情绪问题，从而影响身心的健康和发展。职业技术院校学生常见的情绪困扰主要有焦虑、抑郁、愤怒、嫉妒和冷漠等。

（1）抑郁情绪是情绪问题中的常见现象。表现为个体持久的情绪低落，常伴有身体不适、睡眠不足，心情压抑、沮丧，无精打采、什么活动都懒的参加，什么事也提不起精神来，自卑、逃避等现象。

（2）情绪冲动也是职业技术院校学生情绪问题的重要表现。职业技术院校学生的情感丰富而强烈，具有一定的不稳定性与内隐性，表现为情绪波动大，高低不定，喜怒无常，会因一点小小的胜利而沾沾自喜，也易为一次情感受挫而一蹶不振，甚至无法控制自己的情绪。特别是对负性情绪的控制力相对较弱，有的学生因冲动情绪引发攻击行为，甚至导致严重后果，当情绪稳定下来，又多是后悔莫及。

（3）自我形象焦虑。青年前期比任何时候都更关注自己在他人尤其是异性心目中的形象。职业技术院校学生受诸如长相、胖瘦、高矮、魅力等因素的影响，会产生各种各样的焦虑，有的学生总感到自己的先天条件不够理想，因而非常自卑，不能建立良好的社交形象与公众形象。

（4）社交焦虑。社交焦虑是一种与人交往的时候觉得不舒服、不自然、紧张甚至恐惧的情绪体验。有的学生因自卑、害羞、胆怯等不敢在公共场合表达自己的想法。社交焦虑还表现为当众说话紧张、异性交往紧张等。社交焦虑发展到极端就是社交焦虑症或社交恐惧症，表现为情绪上的紧张、不安、担心甚至害怕，还伴随植物神经功能紊乱的情况，如心跳加快、出汗、脸红、发抖、呼吸困难、尿频、尿急等生理表现。

5. 网络中的心理问题

网络在职业技术院校学生生活中的地位越来越重要。网络是一把双刃剑，在给学生带来积极影响的同时，也带来了许多负面的影响。职业技术院校学生常见的网络心理问题有：网络孤独、网络双重人格、网恋、网络依赖和网络成瘾等。部分学生沉迷于网络，严重影响了他们正常的学习、生活、社会交往，造成心理障碍，出现不良身体反应，严重者甚至出现精神障碍或犯罪行为。

6. 恋爱与性的问题

职业技术院校学生处于青年前、中期，性生理发育趋于成熟，性意识萌发，恋爱与性问题是不可回避的。大量事实证明，最让职业技术院校学生心醉与神往的爱情，同时也是他们最大的“烦恼源”之一。因为异性交往问题处理不当，导致当事人心理痛楚、人格扭曲、抑郁，甚至有自杀倾向，在职业技术院校的校园里时有发生。情感的迷茫和不正确的恋爱观是导致恋爱与性心理困扰的主要原因。

7. 心理危机

心理危机主要是指自杀的意念和行为。自杀是主体自主采取各种手段以结束自己生命的行为，它既可见于正常人，也可见于精神病人和有人格障碍的人。他们在病理性激情、幻觉和妄想状态下都可出现自杀行为。目前心理学界将自杀分为两大类：第一类为冲动型自杀，也称情绪型自杀，常常因爆发性激情引起，这种类型的自杀进程比较快，具有突发性。第二类是理智型自杀，与冲动型自杀不同，它是在经过长期的自我评价和体验，进行了充分的推理和判断之后，逐渐萌发自杀意念，并有目的、有计划地进行自杀的准备后而采取的自杀行为，这种类型的自杀进程较慢、发展期长，在自杀发展过程中有比较复杂的心理表现。

在自杀过程中，自杀者往往表现出明显的抑郁情绪，约有一半以上的自杀者都有明显的抑郁症候群或处在严重的抑郁状态。因此，抑郁情绪被认为是评定自杀危险性的重要特征之一。

第三节　职业技术院校学生心理健康的培养与促进

心理健康对职业技术院校学生的全面发展显然是非常重要的，而正值青春年华的他们，在较复杂的社会生活中难免会产生各种心理困惑，出现心理失衡。因此学习心理健康知识，不仅可以预防心理疾病的发生，而且可以充分发挥潜能，改善社会适应能力，更有效地实现人生价值。学会有效地应对可能遇到的各种心理问题、心理障碍，是职业技术院校学生的必修课。

1. 学习心理健康知识

几乎每个人都存在着不合理的认知，人生来就有以理性信念对抗非理性信念的潜能。平时多读一些相关书籍，以提高自身的素养，从而在面对一些问题时能有更好的应对能力。

2. 健康、文明的生活

一个人的行为习惯影响着其自身的性格形成。个体如果能够坚持合理作息，坚持吃早餐，科学用脑，实行时间管理，提高学习效率，避免用脑过度，选择文明高雅的休闲娱乐方式，积极参加体育锻炼，不吸烟，不喝酒，不沉迷于网络、不过度节食瘦身，以健康合理的生活方式为主导，就一定可以培养出健康的心理模式。

3. 掌握自我心理调适方法

健康积极的情绪可以维护身心健康，促进自我发展和人格成熟。职业技术院校的学生应学会采用自我暗示法、转移注意力法等方式进行自我调解，学会管理情绪。

4. 培养良好的个性品质

要树立正确的人生观和价值观，产生悦纳自我的价值情感体验，在积极进取中锻炼自己的意志品质，提高心理素质，提高自己应对挫折的能力，并能做到客观评价自我和正确对待他人。

5. 必要时求助于心理咨询

心理咨询是由受过专门训练的专业人员向来访者提供心理援助的过程。职业技术院校的学生如果存在心理不适或心理障碍，自身无法调整解决，可向心理老师求助，让其帮助自己走出困境。由于受传统思想观念的影响，有些同学会认为接受心理咨询是件丢人的事，就像去精神病院看病，会受人歧视。我们要转变这种思想，人的心理跟生理一样，都可能受到疾病的困扰。有了病，就要去看医生。我们有了心理疾病就应接受心理辅导，就像去医院看生理疾病那样，是正常行为，不要顾虑太多。

良好的心理素质不是自然形成的，职业技术院校的学生们要想让自己得以健康顺利地成长，就必须有意识地磨炼自己的意志，健全自己的人格，学会调控情绪，才能使自己在困难与挫折面前仍能保持健康的心理。

【知识链接】

心理健康与心理异常之间的界限并不是明确的断桥所在。我们的心理健康状况一直是动态波动的，一般来说，从心理健康状态到心理疾病状态，可以根据心理问题严重程度的高低划分为 4 个等级，即健康状态、不良状态、心理障碍和心理疾病。

健康状态是指人在一个时间段里快乐的感觉大于痛苦感觉的状态，心理活动与周围环境协调，不存在与周围环境格格不入的现象，能胜任家庭和社会角色，能在一般社会环境下充分发挥自身能力，利用现有条件实现自我价值。

不良状态是介于健康状态和疾病状态之间的亚健康状态，是由于个人心理素质、生活事件（如学习工作压力大、人际关系不良）、身体不良状况等因素引起的。不良状态持续时间短，一般在一周内能得到缓解，对人的社会功能影响比较小，一般能完成日常工作和学习，只是感觉到“很累”“没劲”

“不高兴”等。处于这种状态的大部分人能通过自身调整，如休息、运动、旅游、娱乐等方式，使自己的心理状态得到改善，少部分人如长时间得不到缓解则可能形成一种相对固定的状态，此时应该寻求心理医生的帮助，尽快得到调整。

心理障碍是因为个人及外界因素造成自己心理状态的某一方面或几方面发展的超前、停滞、延迟或偏离。有心理障碍的人，其心理活动的外在表现与其生理年龄不相称或反应方式与常人不同。例如，成人表现出幼稚，儿童出现成人行为，对外界刺激反应方式异常等。这种状态对个体的社会功能影响较大，使其不能按照常人的标准完成某项社会功能，如社交恐惧的人不能完成社交活动。处于这种状态的人大部分不能通过自我调整和非专业人员帮助而解决根本问题，必须接受心理医生的指导。

心理疾病是由于个人及外界因素的引起个体强烈的心理反应（思维、情感、行为、意志）并伴有明显的躯体不适感，是大脑功能失调的外在表现。其表现有思维判断的失误，内心有强烈的自卑感和痛苦感，情绪低落，紧张焦虑，行为失常（如重复动作、动作减少、退缩行为等），意志减退等。一般不能通过自身的调整和非专业人员的治疗而康复，需要心理医生的系统规范治疗。

【心理技能训练】

找一个安静的环境，确保不会被打扰到。而后闭上眼睛，把自己全部的注意力都集中到呼吸上，感受自己的胸腔随着呼吸的起伏而变得充盈和放松。慢慢的，把自己的呼吸调整到平缓，在慢而悠长的呼吸里逐步调整自己的身体姿势。吸气时，尽力耸起自己的肩膀，并想象自己充满了力量，可以去承担所有的一切；呼气时，放下自己的肩膀，并感受自己放下了一切的压力。

这样的练习争取每天都操作一到两次，每次持续 3 ~ 5 分钟。当你与自己的呼吸变得熟悉，再遇到压力或难以应对的场景时，它会自动调整你的心理和身体状态，让你变得更加富有能量。

【心理小测试】

提示语：就你最近一段时间里的情况进行自我测验，请你对照每一问题所列的症状，如果基本未出现过，记 0 分；如果是介于二者之间，记 1 分；

如果你的情况大体是这样，记 2 分。

1. 想事情或做事时常常无故走神，注意力难以集中，脑子里胡思乱想，记忆力下降。

2. 出门后常想门或抽屉是否锁好，信寄出后总怀疑是否有差错，常强迫自己想或做一些无意义的事情，明知不必要却又无法控制。

3. 常常失眠，或入睡困难，或浅睡多梦，频频醒来，次日感到精力不足。

4. 处于敏感、紧张、焦虑的心境之中，惧怕并尽可能回避某人、某地、某物，渐渐失去信心，心情抑郁。

5. 最近看什么都不顺眼，心烦，动不动就发脾气、摔东西、骂人甚至想找人打一架。

6. 有时常常不明原因地感到疲劳，精力不足，浑身乏力，肢体有麻木感。

7. 情绪低落，感到生活道路上有太多的挫折和困难，前途悲观，学习、娱乐都提不起精神和兴趣。

8. 感到身体有某种不适或疼痛，觉得身体有病，但检查结果说没病，怀疑是误诊或漏诊，心中老想着此事，非常烦恼。

9. 无法控制自己的情绪和行动，常不分时间和场合地发脾气；易兴奋，想到好笑的事就笑，控制不住；或心情不好时会晕倒，甚至突然失语、失明、胸闷、抽搐，发脾气后又后悔。

10. 对一些声音和强光等敏感，影响情绪和睡眠，怕出门，怕拥挤，认为自己是敏感多疑胆小怕事的人。

11. 好思虑，好幻想，做事过于认真，要求十全十美，事情没做好便会耿耿于怀。喜欢诸事刨根问底，别人评价自己主观、固执、刻板。

12. 害怕高处、险处，害怕异物、血液、传染病，害怕亲人突然离去，害怕抛头露面。

13. 自己不对，但自己却认为是别人不理解自己，认为别人都在嘲笑自己，故意与自己作对，事后虽然觉得可能是自己错了，但又不愿多反省。

14. 独处时，竟听到了有人讲话的声音，大白天曾见过死去的人，认为周围的人跟踪自己，或想害自己，觉得自己想的事似乎别人都知道。

15. 最近什么也不想干，非常烦恼，但又没有明确原因，即使做一些事也常常不能使烦恼分散或减轻，烦恼如阴魂附身，难以摆脱。

［计分与解释］

各项所加而得的分为总分。总分如果在 3 分以内，说明你的心理是健康的；如果在 4～8 分之间，需要注意，最好也去做一下心理咨询；如果在 8 分以上，应该去寻求专业心理医生的帮助了。

【小小思考角】

同学们，在学习了本章节内容后，是否还会有那种“只有心理有问题的人才需要学习心理知识或接受心理辅导”的想法？假如自己再遇到心理困惑的时候，你想好要如何去应对了吗？

今天我们对心理健康有了初步的认识，目的是让它更好地指导我们的生活。新的学校，新的环境，你调整好自己去面对新生活了吗？为了确定自己今后的状态，尝试给自己做一个时间账单吧，对过去一周的时间安排进行记录回顾，汇总各类时间（学习、人际互动、活动、娱乐……），试着做一个饼状图，看看自己在各方面消耗时间的比例。然后再根据情况调整自己今后的时间管理，看看自己是否可以顺利的开启新篇章。

我的时间管理图谱：

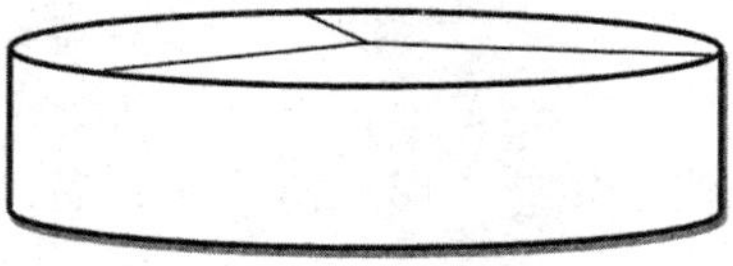

第二章　适应新生活

【案例导读】

案例一

小丽自幼在生活上得到父母的宠爱，以前在家时，父母为了让她学业上有所成就，不让她做一点家务。现在小丽是一所职业院校的一年级新生，因为生活的自理能力较差，常常因为不能叠好被子，整理不好宿舍内务而受到同宿舍同学的指责。渐渐地小丽变得情绪低落，不愿与同学交往，甚至出现自卑心理，觉得自己处处不如别人，不能继续读书，有想退学的打算。

案例二

小刘进入职业学校已经快三个月了，眼见一学期就要过去，小刘的心里越来越惶恐不安。每天学习的专业知识对小刘来说是极其陌生的，很多知识点还来不及消化，老师就又开始了新内容的教学；实操课上考验的是自己的动手能力，可小刘觉得自己从小就没有这方面的特长。课业的繁重考验压得他喘不过气来，想要跟同学们交流下，却又不知道从哪里说起。老师已经找他谈过好几次，提醒他要认真学习，加强练习，可是他找不到好的方法啊。看着周围很多同学迅速地适应了新的学习生活，小刘羡慕的同时不免心存悲哀，难道自己真的不适合在这里学习吗？

【讨论】

小丽和小刘显然是新环境下的不适应表现，对于刚刚入学的你来说是否有与他们相同的感受？你是如何调适自己适应新生活的？

【本章要点】

▶了解职业技术院校新生面临的新变化

▶了解常见适应问题

▶掌握提高适应能力的措施

对每一位刚刚接触职业技术教育的新同学来说，崭新的校园生活无论是生活环境、学习环境、人际环境、教学环境还是学习方式，都与中学时代有着很大的区别。而这个学习阶段又是他们一生中的关键时期，会面临着一系列的适应问题。如何尽快适应校园环境、调整好自己的心态、转变个人角色，是每个职业技术院校的新生首先要解决的问题。

第一节　环境与心理变化

当同学们怀着期盼与兴奋的心情走进职业技术院校时，呈现在每个人面前的都是一个崭新的开始。适应自己面临的新环境，重新定位自我角色，确立适合自己的目标，是摆在每位新同学面前的重要课题。个体正是在面对和解决这个课题的过程中，完成从依赖走向独立，从懵懂走向成熟的蜕变。

一、环境的变化

1. 生活环境的变化

职业技术院校生活的特点之一就是集体化，需要住集体宿舍、吃集体食堂，独立处理各种生活事务，协调与宿舍同学的关系，以及遵守学校一系列的规章制度。

2. 人际环境的变化

中学时代生活单调，学生的主要任务是学习，很少接触社会，人际环境相对简单和单纯。而职业技术院校的生活环境决定了很多同学需要与他人共处一个宿舍，不同的性格、生活背景及生活方式，使得相互之间的磨合成为学习生活中的首要问题。

3. 学习环境的变化

职业技术教育的教学目的、教学内容、教学方法等都与中学时期有着明显的差别，对于专业课与实践课的教学，具有更广泛的拓展性、专业性、自主性、探索性和多元化的特点。中学时代的学习基本由老师主导，学习过程比较被动；而职业技术教育的授课过程更多的是引导与启发，注重培养和发展学生的自学能力和创造性思维。

二、心理的变化

1. 认知力的变化

通过过去十几年学习生活的训练，职业技术院校的学生认知力已达到较高的水平。其记忆力、观察力、思维能力都有了很大程度的提高。但是，由于个体知识经验的不足和认知方式的局限，很多新生在对各种事物充满新鲜感和好奇心的同时，也容易盲从、冲动，在分析与处理问题时容易走入主观化、片面化和极端化的误区，这是他们心理与社会性发展尚不成熟的表现，也是其心理与社会性发展需要的矛盾所在。

2. 意志力的变化

职业技术院校的学生在一定程度上能够明确自身目标，愿意为之克服困难并付诸努力，但同时也存在一定的缺陷和不足，特别是在离开家长和老师的监督后，不少学生表现出自我管理、自我约束、自我监督力量的薄弱。如许多沉迷于网络游戏的学生，明知这种行为不对却无力自拔；再如少数学生情绪冲动且易做出不理智行为等。

3. 自我意识的变化

职业技术院校学生的独立意识逐渐增强，开始致力于自我认识、自我体验、自我评价和自我监督。他们比以往更注重对内心的分析和感受，关注他人对自我的评价，渴望在新的环境和群体中获得良好的归属感；他们十分注重塑造自我形象，有时会过分强调自己的与众不同，从而与他人产生隔阂和对立，造成同学关系紧张。由于家庭的期望、自我的加压，往往会造成个体自我意识的偏差，而且，一旦遭遇挫折，容易产生自我评价的失调，产生自卑感。

第二节 适应不良与心理矛盾

职业技术院校学生的心理矛盾与困扰主要表现在环境、学习、生活、交友等方面。

一、心理适应不良

1. 环境适应不良

对于之前一直生活在父母身边，由父母代理各种生活事务，且拥有自己独立空间的新同学们而言，陌生的校园、生疏的新群体，给他们带来不同程度的环境应激，当这些应激超过限度时，部分新生会感到无所适从。一些适应能力不强的学生还会出现失眠、食欲缺乏、注意力不集中，以及孤独不安、烦躁、严重焦虑不安、头疼、神经衰弱等症状，环境适应更加困难，甚至可能出现擅自离校的冲动行为。

2. 社交适应不良

宿舍人际关系、班级同学关系以及师生关系的处理，都是新同学要面临的社交课题，有些学生任性、以自我为中心，不能设身处地为他人着想；也有些学生因远离父母，失去了情感寄托及精神依托，变得敏感、易激惹，这些因素都易引发个体在人际环境的变化中表现出种种的不适应。学会妥善处理新环境中的人际关系，对许多学生来说是一种心理负担。

3. 学习适应不良

职业技术教育的教学方式是以学生为主体的，评价方式是多元化的，对于理论学习、实际操作、综合素质等多方面提出发展要求，对于习惯于等待教师引导，不懂得自主学习的个体来说，这样的学习环境可能会引发其焦虑体验。

二、心理矛盾

1. 自信与自卑的矛盾。

进入职业技术院校学习后，有一部分个体在新的教学与学习方式中逐渐暴露出知识和能力上的种种缺陷，或者不适应新的自主的学习方式，或者不适应技能操作的学习。他们面临着重新进行自我评价、自我调整和自我发展，如何看待成绩不佳、如何对待挫折，原有的自信受到冲击，可能会转变为自卑心理。

2. 依赖性与独立性的矛盾。

处于心理断乳期的职业技术院校学生，独立的校园生活让他们感觉摆脱了父母的唠叨，自己可以独立做出决策和自由选择生活方式，这使得不少新同学感到轻松和愉悦，独立意识也更为强烈。但很多时候，由于中学时代形成了依赖性的思维方式，缺乏独立自主能力，另外，由于认识水平和自我调节能力尚未达到真正独立的程度，因此，他们有独立的愿望却又信心不足，表现出一定矛盾心理。

第三节　适应新生活的心理调适

新同学要适应新的学习和生活环境，必须进行全方位的调整。适应转变的关键在于要克服和消除以上所讲的诸多心理矛盾与困扰，以轻松自如、积极健康的心情面对新的生活。在心理不适应期，接受他人的帮助是十分必要的，但关键是要自我调整。具体说来，应该从以下几方面做起：

一、重新认识和评价自我，树立新目标

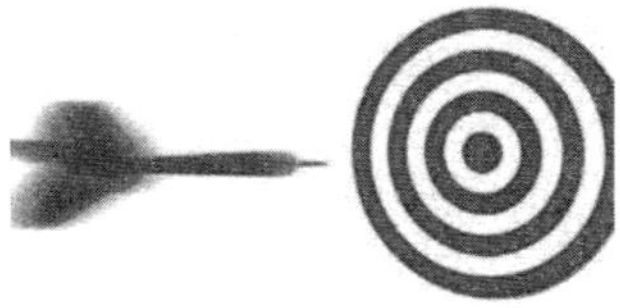

由于学习和生活环境的变化，新生首先要学会重新认识和接纳自我。新生在认识自我的过程中，应积极与他人做比较，通过比较发现自己的优缺点，恰当地评价自我，发挥并强化自身的长处，克服弱点，发展自身，这样会获得自信，减轻心理压力。对自己的评价不要太高，也不要太低。只有对自己有一个清楚全面的认识，才能准确地对自己进行角色定位，并通过客观地认识自己，进行正确的自我设计，树立新的奋斗目标。

确立新目标时应注意目标要明确、具体，且难度适当。从心理学角度来说，有一个明确的目标，会使心理指向集中于一处，这样有利于摆脱因不适应而带来的心理问题。另外，不明确的目标也不利于激发学习潜力，只有目标明确才能找到努力的方向，增强信心。目标确立后，还要学会把目标具体

化，这样才便于目标的操作和实施。

二、改变交往观念，学会处理人际关系

环境在变化，个体在成长，这些多变的因素都需要我们随时调整和改变自己的交往观念，以随时适应新环境的人际交往需求。心理学家们认为，人类的心理适应，最主要的就是对人际关系的适应，所以人类的心理病态，主要是由于人际关系的失调引起的。新同学在新环境中遇到的诸多问题，不仅是由于学习和生活上的不适应而引起的，更是由于对人际关系的不适应、困惑而引起的。所以，个体应该主动锻炼自己，提高交际能力，培养团队合作精神，发展和谐、良好的人际关系，以提升自我心理素养。

三、适应新的学习方式，学会自主学习

新的学习环境要求职业技术院校的学生掌握新的学习方法，以应对新的学习任务的要求。自主学习是职业技术教育主要的学习方式，增加资料的查阅、加强与同学的问题探讨、开展师生学习思路的碰撞，这些都将有利于提高个体的学习能力。另外，还要学会管理时间，既要安排好学习时间，也要安排好生活时间。每个学生都应该制作一份时间计划表，把学年、学期的学习及生活计划安排好，只有学会管理自己的时间，尤其是规定课程之外的时间，才能学有所成、技有所长。

四、选择合理的生活方式，面对全新的学习生活

生活方式对心理健康的影响越来越为人们所关注。健康有序的生活方式会使个体生活有规律、精力充沛、身体健康，从而高效率地完成繁重的学习任务。新生入学刚刚开始独立生活，往往不善于合理安排生活，有些个体还因为缺少外界与自我的监督约束，熬夜贪睡，沉迷网络，随心所欲，这些都是不利于身心健康发展的。恰当的生活方式应该是可以自主管理时间，安排好学习生活，戒除沉迷网络等不良生活习惯，做到有计划、有安排、作息有

规律，以保证有充沛的精力完成学习任务；同时，留出适当时间从事学习以外的活动，如娱乐、交往和社团活动等，从而丰富自己的校园生活，满足多种交往的心理需要。

五、充分利用社会支持，恰当培养独立能力

现在的新生多为独生子女，自理能力较差，又远离家庭，一般不易适应新的环境，所以入校后，新生应注重培养独立生活的能力。面对学习、生活的不适应，除了自己积极调适外，还应该学会积极寻求社会支持系统的帮助。所谓社会支持系统，就是能对自己的许多方面尤其是精神方面给予支持和帮助的人际关系网络。同时，积极参加各种团体活动，在活动中感受集体的力量和温暖，认同新集体。

六、做好学校生活规划

学校生活规划是人生规划的一部分。是指学生个人结合自身实际情况和学校环境等因素，为自己制订在校期间的学习、生活以及择业、就业的计划。其目的是帮助个人真正了解自己，为自己定下事业规划，筹谋未来，拟定一生的发展方向，根据主客观条件设计出合理且可行的职业生涯发展方向。

恰当合理的人生规划，让个体的生活更加具备目标性、从容性，并能时刻指导自身的行为，有利于个体的健康成长。

【心理小测试】

你的心理适应能力如何？

下面的问题能帮助你进行社会适应能力的自我判别（把答案填在括号内）。

（A. 是；B. 无法肯定；C. 不是）

1. 我最怕转学或转班级，每到一个新环境，我总要经过很长一段时间才能适应。（　　）

2. 每到一个新的地方，我很容易同别人接近。(　　)

3. 在陌生人面前，我常无话可说，以至感到尴尬。(　　)

4. 我最喜欢学习新知识或新学科，它给我一种新鲜感，能调动我的积极性。(　　)

5. 每到一个新地方，我第一天总是睡不好。就是在家里，只要换一张床，我也会失眠。(　　)

6. 不管生活条件有多大变化，我也能很快习惯。(　　)

7. 越是人多的地方，我越感到紧张。(　　)

8. 在正式比赛或考试时，我的成绩多半不会比平时练习差。(　　)

9. 我最怕在班上发言，全班同学都看着我，心都快跳出来了。(　　)

10. 即使有的同学对我有看法，我仍能同他（她）交往。(　　)

11. 老师在场的时候，我做事情总有些不自在。(　　)

12. 和同学、家人相处，我很少固执己见，而乐于采纳别人的意见建议。(　　)

13. 同别人争论时，我常常感到语塞，事后才想起该怎样反驳对方，可惜已经太迟了。(　　)

14. 我对生活条件要求不高，即使生活条件很艰苦，我也能过得很愉快。(　　)

15. 有时自己明明把课文背得滚瓜烂熟，可在课堂上背的时候，还是会出差错。(　　)

16. 在决定胜负成败的关键时刻，我虽然很紧张，但总能很快使自己镇定下来。(　　)

17. 我不喜欢的东西，不管怎么学也学不会。(　　)

18. 在嘈杂混乱的环境里，我仍然能集中精力学习，并且效率较高。(　　)

19. 我不喜欢陌生人来家里做客，每逢这种情况，我就有意回避。(　　)

20. 我很喜欢参加社交活动，我感到这是交朋友的好机会。(　　)

[计分与解释]

1. 凡是单数号题（1，3，5，7……）：A. −2 分；B. 0 分；C. 2 分。

2. 凡是双数号题（2，4，6，8……）：A. 2 分；B. 0 分；C. −2 分。

将各题的得分相加，即得总分。

35 ~ 40 分：社会适应能力很强，能很快地适应新的学习、生活环境，与人交往轻松、大方，给人的印象极好，无论进入什么样的环境，都能应付自如，左右逢源。

29 ~ 34 分：社会适应能力良好。

17 ~ 28 分：社会适应能力一般，当进入一个新环境，经过一段时间的努力，基本上能适应。

6 ~ 16 分：社会适应能力较差，依赖于较好的学习、生活环境，一旦遇到困难则易怨天尤人，甚至消沉。

5 分以下：社会适应能力很差，在各种新环境中，即使经过一段相当长时间的努力，也不一定能够适应，常常因感到与周围事物格格不入而十分苦恼。在与他人的交往中，总是显得拘谨、羞怯、手足无措。

如果你在这项测查中得分较高，说明你社会适应能力较强。但是，如果你得分较低，也不必忧心忡忡，因为一个人的社会适应能力是随着年龄的增长、知识经验的丰富而不断增强的。只要你充满信心、刻苦学习、虚心求教、加强训练，你一定会成为适应社会的成功者。真正的健康是生理、心理与社会适应都臻于完满的状态。

【小小思考角】

适应力的测试你得分多少？也许会有些沮丧，为什么自己的得分这么低。这只是你当下情况的一个基本反映，并不代表你的未来，你可以回头再看一下自己得分低的选项，然后尝试对应得分高的那个选项，看看自己究竟哪些方面还可以再改进，然后记得在今后的生活中加以调整就可以了。

通过这个测试，你是否发现一些平时不太被自己注意的小问题，是否觉察到一些日常中被自己忽视的自我应对方式。所以，你真的了解你自己吗？你接纳现有的你自己吗？下一章节我们共同开启自我发现之旅吧。

第三章　自我意识发展观

【案例导读】

案例一

小陈是某职业技术院校临近毕业的学生，现在一家企业实习。原来小陈是学校里的优秀学生，是每年的奖学金获得者。刚到这家企业实习，小陈心里有些紧张，担心自己的能力不足会影响企业领导对自己的看法，因为他非常喜欢这个单位，很希望实习期结束后能留在这个单位工作，于是他小心谨慎地对待每天的工作。可有一天因为没有看清楚图纸上的标识，他把一个零件加工成了废品，还好发现得早，没有产生太大的不良后果，但事情没过几天，小陈又出现了同样的错误……小陈心里很难过，他说自己其实很想做好自己的工作，但是总觉得自己比不上别人，总担心自己做不好，结果越担心出错越多，出错越多越担心，自己慢慢都有些自卑了。

案例二

都是考80分

小杨是某职业院校的应届毕业生，因在学校里表现突出，被推荐到了一家星级宾馆，并担任前台服务员。小杨原是学校的学生会干部，经常受到老师的表扬、同学的羡慕，平时有点自负。工作之后没几天，小杨就因登记错了客人的信息而遭到客人的投诉，经理觉得她是因为刚刚参加工作有些紧张造成的，就鼓励她别太在意这件事情，以后认真些就好了。小杨却觉得没什么大不了，一脸的无所谓。又过了几天，小杨又因服务态度不好被客人投诉，她仍是不服气，觉得自己一点错误都没有。在这种情况下，经理辞退了她。

【讨论与内省】

1. 小陈和小杨的表现方式你理解吗？

2. 你了解你自己吗？你准备怎样向他人展示你自己呢？

【本章要点】

▶了解自我意识的概念及形成与作用

▶了解职业技术院校学生自我意识的发展特点

▶掌握完善自我意识

在世间万物中，人最想了解的是自己，最难了解的也是自己。人生的领域非常宽广，要做的事情很多，但认识自我是最最根本，也是最最重要的事情。在古希腊德尔菲神庙前的柱子上，赫然刻着这样一句话：认识你自己。

第一节 自我意识的构成说

一、自我意识的内涵

（一）什么是自我意识

自我意识是个体意识发展的高级阶段，是社会意识的组成部分，是人对自己及与他人关系的社会认知系统，是个体对自己的各种身心状态的认识、体验，以及对自己与周围环境之间关系的认识、体验和愿望。自我意识作为人所特有的一种复杂的心理现象，并不是与生俱来的。个体的自我意识从无到有，最后达到成熟，走过了漫长的发展历程，它是在社会交往中，伴随着语言和思维的形成与发展而发展起来的。

（二）自我意识的结构

1. 自我意识从内容层次上看，可分为生理自我、社会自我和心理自我 3 个层次。

（1）生理自我是对人的物质属性的认识，包括对自身高矮、胖瘦等外部特性的认识，各器官组织的正常与异常等解剖结构的认知等，使一个人把自我与非我区别开来，它影响个体对自己的认可程度。

（2）社会自我是指个人对自己的社会属性的意识，对自己在人际关系和社会群体中的地位和作用的认知、评价和体验，包括个人对自己在各种社会关系中的角色、地位、权利、义务等的认识等，这是由历史、文化、社会造成的，作为一种类存在物，自我具有社会性的要求与能力；社会自我与生理自我一样，也是一种有差别性的物质与意识的存在，生理我与社会我的区别仅仅维持在“生理——物质”的水平上，即社会我只是使个体从生理性差别发展到物质性差别，社会我并不能从本质上消除自我的个别性。

（3）心理自我是指一个人对自己的心理属性的意识，包括对自己心理活动、个性特征、心理品质的认识、体验和愿望，它能使人认识并体验到内心进行的心理活动，决定了个体的个别性与通融性。它意味着每个自我都是独一无二的，不可由他人代替，每个人必须体现自我生存的意义，必须独立自主，不断探索，让世界因为有你的存在、你的创造而更加丰富多彩。

2. 自我意识从形式层次上看是一个多维度、多层次的复杂的心理系统或心理结构，包含了知、情、意三方面的统一，它由自我认识、自我体验和自我控制三种心理成分构成，三者之间相互联系、相互制约、相互统一于个体的自我意识之中。自我认识是其中最基础的部分，决定着自我体验的主导心境以及自我控制的主要内容；自我体验又强化着自我认识，决定了自我控制的行动力度；自我控制则是完善自我的实际途径，对自我认识、自我体验都有着调节作用。三方面整合一致，便形成了完整的自我意识。

（1）自我认识是指主体我对客体我的认知和评价，即自己对自己的认识。它包括自我观察、自我图式、自我概念、自我评价等。其中，自我评价是最主要的方面，既集中反映着自我认识乃至整个自我意识的发展水平，也是自我体验和自我控制的前提。自我认识主要解决“我是一个什么样的人”的问题，就个体对自我的认知来看，主要包括对生理自我、社会自我和心理自我的认知，从而构成一个统一的整体的自我认知，并在此基础上进行自我评价。

（2）自我体验是在自我认识的基础上表现出来的自己对自己的情绪体验，属于情绪范畴，以情绪体验的形式表现出人对自己的态度，主要包括自己对自己的接纳、肯定、喜爱、尊重和满意的程度。主要表现为自尊感、自信心、成功感和自卑感等。

（3）自我控制是指个体对自己心理活动和行为的调节与控制，包括自我理想、自我监督和自我塑造等。其中，自我教育是自我调节的最高级形式，因为教育的最高境界就是自我教育能力的形成。自我控制是个体在意志品质方面的集中体现，我们常说的自制力就是自我控制能力。

3. 自我意识从发展层次上可分为现实自我与理想自我。个人从社会对自我的看法（即社会自我）中修正了个人对自我的看法的主观性和片面性，并在个人自我和社会自我结合的基础上设计出现实的自我，进而设计和构建自己所期望的理想自我，以达到现实自我和理想自我的统一。

（三）自我意识的作用

1. 目标导向作用。目标是个体发展的导航机制。人通过正确的自我认识，确立较为合理的“理想自我”的内容，就为个人将来的发展确定了目标，对个人的认知、情感、意志、行动会产生很大影响，是个体活动的动力。自我意识健全的个体，在从事一项活动之前，活动的目的和结果就以观念的形式存在于头脑之中了，个体依此做出计划，指导自己的活动，从而达到预期的目标。

2. 自我控制作用。一个人要获得发展、取得成就，光有目标是不行的，还必须具备自制的意识，对自己的情感、行动加以调节和控制。自我意识健全的个体，在对自我做出正确认识、合理规划的基础上，能够对自己的注意力、情感、行为等加以控制，以实现自己的目标。

3. 促进社会适应作用。自我意识的不健全或不正确容易造成社会适应不良及人际关系不协调。正确的自我意识通过正确的自我评价产生合理的理想自我，并通过正确认识自己与他人、个体与群体双方不同的地位和需要，采取不同的策略，主动调节人际关系，也将有利于保持良好的社会适应和人际关系，维护心理健康。

4. 内省作用。自我意识健全的个体，不仅能够确立“理想自我”的内容，对自己将来的发展做出规划，而且能够通过自我控制来实现预期目标。此外，由于主客观条件的制约，“理想自我”的实现常常会遇到各种障碍，致使个体产生不同程度的挫折感。这时，自我意识就会对自己的认识、情感、意志、行为等进行反省，找到受挫的主客观原因，并重新调整认识，形成新的“理想自我”的内容，使其与“现实自我”趋于统一。

5. 激励作用。正确的自我意识可以帮助个体形成准确的自我认知与评价，并在此基础上建立自立、自主、自信的良好心理品质，激励个体去大胆尝试、积极进取，最大限度地调动个体的潜能，激发思维活动的功能，获得成就。在这一过程中，不断克服个体负性的自我意识，强化正性的自我意识，形成个体自我意识的良性循环。

职业技术院校的学生正处于青年初期，心理上正处于向安定状态过渡的不稳定状态，是自我意识发展的关键时期，期间自我意识经过分化、整合而接近成熟，从而逐渐清晰地意识到自己的内心活动，全面认识到自己的心理品质，正确地感知到自己的社会角色并能主动地根据社会要求去认识和发展自己。自我意识的显著特征是把原来主要朝向外部的认识活动，转向自己的内心世界，探索自己的内心活动。比如，这时的青年会提出一系列的问题要自己回答：我是一个什么样的人，我要成为一个什么样的人，我的长相如何，我的脾气、性格怎样，我有什么样的特长和才能，我能成就什么样的事业，我在别人心目中的形象如何，我怎样走人生之路等等。这都是由于个体生理和心理日趋成熟、社会角色逐步确定而促进自我意识发展的具体表现。

第二节　职业技术院校学生自我意识的发展与偏差

职业技术院校学生正处在“理想——冲突——现实”的心理发展过程中，由于社会、家庭、学校和个人心理与人格的弱点等原因，这个阶段的自我意识往往发生偏差，出现消极的自我体验和自我控制。如果他们能够了解自我意识发展的特点、规律和矛盾，正确认识自己、接纳自己，善于利用好每个成长机会去改进自己、完善自己，那么他们的人生将会是快乐和充实的，对他们的健康成长将非常有利。但随着对自己的认识不断加深，他们不情愿地看到理想自我与现实自我之间存在着较大差距，使其生活在动荡不安的心理世界中，自我的接纳与排斥、自我的同一与分离、自我价值的认同与否定，以及由此而导致的希望与失望，信任与怀疑等复杂的情绪体验，构成了他们心理矛盾与冲突的主旋律。

一、理想我与现实我的冲突

这可以说是职业技术院校学生自我意识矛盾最突出、最集中的表现。他们对未来充满信心，但由于他们的生活范围相对狭窄，社会交往比较单一，缺乏社会阅历，对自我认识的参照点较少，因此，不能很好地将理想与现实结合起来，从而使“理想我”与“现实我”之间产生较大的差距。在现实生活中，理想自我与现实自我总是存在着一定的差距，合理的差距能够激发其奋发进取的积极性，但是，如果差距过大，则会给职业技术院校学生带来苦恼和不满，甚至有可能引起自我意识的分裂，导致一系列心理问题。

自我意识的这一冲突，一方面会使学生感到焦虑苦恼，痛苦不安，可能影响到他们的心理发展和心理健康；另一方面也会促使他们设法解决矛盾，实现“理想我”与“现实我”的统一。但是由于每个人的社会背景、生活经验、智力水平、追求目标等方面的差异，自我意识的统一也表现出个体差异。

二、独立与依赖的冲突

职业技术院校学生生理与心理上的趋于成熟使他们渴望独立，尤其是在离开父母之后，有了更多的自主空间，更加希望能在经济、生活、学习、思想等方面独立，摆脱成人的管束。他们一方面渴望独立，以独立的个体面对生活、学习与工作中遇到的问题，以证明自己已经长大；另一方面，由于长期的校园生活使他们的社会阅历与经验相对匮乏，他们在心理上又对父母、朋友存在深深的依赖，特别是遇到困难和挫折时，这种依赖就表现得更为明显。特别是对于独生子女来说，由于长期受到父母的溺爱与保护，这种独立与依赖的矛盾就表现得非常突出。过分地依赖使他们缺乏对问题的分析、判断与决策能力，显得缺乏主见；而过分的独立又使部分学生陷入“凡事不求人”的偏执状态，采取我行我素的行为方式，但在遭遇挫折时又会出现不知如何寻求帮助的情况。

三、过度的自我悦纳与自我拒绝的冲突

这是职业技术院校学生自我意识混乱的两种表现形式：一种是过高的自

我评价，即过度的自我悦纳，以自我为中心；另一种则是过低的自我评价，即自我拒绝，自卑感过强。过高或过低的自我评价往往导致个体自我意识确立过程中出现过分自负或过分自卑这两大问题。它们是妨碍良好自我意识形成的心理障碍。

四、自我评价趋于成熟与评价片面性的冲突

职业技术院校的学生走出了中学校园，周围环境和自我地位都发生了很大的变化，其自我认识与现实经验之间也必然会产生冲突。他们在进行自我评价时特别关注自我的内心体验和感受。但由于人的心理活动的复杂性，正确评价自己并不是一件容易的事，加之职业技术院校的学生认识能力还不够成熟，因此他们在自我认识和自我评价上又带有一定的片面性。

五、渴望交往与心灵闭锁的冲突

职业技术院校学生迫切需要友谊，他们有强烈的交往需要，但出于自我保护的需要，或出于其他一些因素的影响，在与他人交往时又存在着一定的戒备心理，往往不愿主动敞开自己的心扉。正是这种交往需要与自我封闭的矛盾冲突，使得不少职业技术院校的学生都有孤独的感受。因此，他们喜欢在网上交流。从他们上网聊天的频率与对网上聊天的依赖程度，可以看出其内心的孤独与交往的需要，但由于缺乏交流的技巧或是缺乏交流的安全感，所以宁愿把自己的内心状态托付给不曾谋面的陌生人，也不愿意在身边的同学中求得沟通与理解。这种渴望交往与自我封闭的矛盾冲突在他们的心理上产生了明显的影响，建立正确的人际认知、学会沟通、学会交往是解决这一冲突的有效方法。

六、积极进取与消极退缩的冲突

每个学生都有积极向上的心，他们希望通过努力来实现自身的价值。但在追求上进时，困难、挫折在所难免，由于缺乏良好的自我控制能力，不少学生常常出现情绪波动现象，在困难面前望而生畏，消极退缩。但大多数学生在选择暂时的退缩之后，又不甘放弃，心中依然渴望追求与进取。他们的内心极为矛盾，困惑、烦躁不安、焦虑也由此而生。

由自我意识的分化带来的种种矛盾冲突是职业技术院校学生自我意识发展中的正常现象。自我意识的矛盾冲突一方面会使学生感到焦虑苦恼，痛苦不安，可能影响到他们的心理发展和心理健康，另一方面也会促使他们设法解决矛盾，实现“理想我”与“现实我”的统一。

第三节 培养健全的自我意识

职业院校学生自我意识的新的觉醒，从一定意义上说，是个体的第二次诞生，它对个体整个人生的发展都有深刻的影响。自我意识的完善是一个不断地进行自我认知、自我评价、自我改造和自我完善的过程。

自我意识对人的心理健康起着非常重要的作用，它制约着人格的形成与发展，在人格的优化中发挥着强大的动力功能。健全的自我意识是心理健康的重要标准，是人类自身内在的一种成功机制，在人才发展中发挥着重要作用。

健全自我意识的标准如下：

1. 自我意识健全的人，应是一个有自知之明的人，既知道自己的优势，也知道自己的劣势，能正确评价自我和发展自我。

2. 自我意识健全的人，应是自我认知、自我体验和自我控制协调一致的人。

3. 自我意识健全的人，应是积极自我肯定的、独立的并与外界一致的人。

4. 自我意识健全的人，应是理想我与现实我相统一的人，有积极的目标意识和内省意识，积极进取，勇于前行。

在自我意识的发展和完善过程中，当自我意识出现偏差时，个体的心理状态就会发生相应的变化。当意识中的自我与实际上的经验产生分歧时，个体就会经历不协调状态。这是一种紧张和混乱的内在状态，人在这种状态下，自己可能并未意识到，但是易显露出焦虑不安。在心理健康与心理健康标准的研究中，几乎都把自我意识的健康程度作为其重要内容之一，比如恰当的自我关注；能充分了解自己，并能恰当地评价自己的能力；合理的自我分析与评价；积极的自我体验；善于自我接纳；有效的自我控制；不断的自我发展；有幸福感等等。培养职业技术院校学生健全的自我意识，主要策略有正确地认识自我、积极地悦纳自我、实现自我的升华等。

一、正确地认识自我

进入职业技术院校，是自己走向社会前的最后学习阶段，如何利用好这段时间提高自己的能力是摆在每个职业技术院校学生面前的课题：自己将来做个什么样的人？成就怎样的事业？要回答这些问题，首先应主动地去认识自己。认识自我的方式有很多，一般有如下几种：

（1）参照他人对自己的评价。正确认识他人对自己的评价，是自我认识的一条重要途径。他人对自己的态度就像一面镜子，可以从中发现自己的问题。看待别人的评价要有一个正确的态度，不要因他人过高的评价而飘飘然，也不要为他人过低的评价而失去信心；既要积极地接受别人的看法，又要冷静分析他人的评价，保持认知上的准确性。当对自己的心理品质，对自己的能力和性格特征等的认识与他人评价相一致时，就应巩固和发展这一方面的特征。否则，就应该进行自我观察、自我分析，进而进行自我矫正，这样才能得出一个肯定的自我认识。

（2）通过互相比较和内省来认识自我

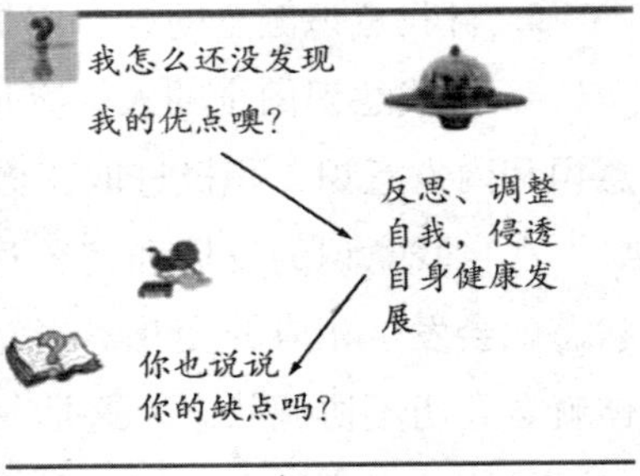

首先是通过与他人互相比较来认识自我。个人认识与评价自己的能力与价值往往是通过与他人的比较来完成的。恰当地与他人比较而又能正确评估自己，就能合乎实际地确定自己的奋斗目标。

其次可以通过内省，即观察自己来认识自我，也就是生活中除了与他人做比较，也可以通过对自己的过去、现在和将来比较来认识自我。

（3）在社会实践中通过观察自己活动的结果来认识自我。深刻的自我认识是以深刻认识和理解他人、理解社会为前提的。职业技术院校的学生应积极主动地投身于认识世界、改造世界的社会实践活动中去，利用校外实习不断丰富自己对自然、社会和他人的认识，通过认识他人、认识外界事物来进一步认识自我。

二、积极地悦纳自我

悦纳自我是发展与增进健康自我意识的关键和核心。只有热爱自我，才会产生自信，也只有充满自信，才有可能产生积极向上的愿望，发挥心理潜质，最终实现自我价值。但自我评价不是一成不变的，而是一个动态的过程，要学会不断地审视自己的优点和不足、不断地更新自我，这是自我评价对每一个人成长的影响。所以，职业技术院校的学生要学会积极而准确地评价自我。积极而准确地评价自我是培养自尊感、克服自卑感的关键。每一个人都有自己的优点和缺点、长处和短处，对自己的长处要充分发挥，对自己的短处要正确对待，既不能护短，也不应因某些短处而灰心。

三、实现自我的升华

1. 正确设计自我，重塑理想自我。重塑理想自我，就是要按照社会需要和个人的特点，重新确立正确的自我教育发展目标，确立适宜的目标和计划，使之既符合社会的接纳度，又符合个体的能力特点，形成正确的求助行为，本着现实、可行、量力的原则，做一个受社会欢迎的、有价值的和快乐的自我。同时还要懂得培养顽强的意志力，很多学生经常说我要怎样怎样，但总是中途作废，实际很多时候是因为缺乏意志力造成的，职业技术院校的学生必须培养顽强的意志，发展毅力和自制力，增强挫折耐受力，使自己能自觉主动地认清目标，为实现目标而努力排除干扰、克服困难。

2. 培养自信心，努力提高现实自我。自信心是一种自我肯定的信念，在自我意识中往往以“我能做好这件事”等观念得以存在和表现，并会有意无意地体现在个体的行动中。树立好自信心，就能不断战胜旧的自我，重塑新的自我；职业技术院校的学生既要努力发展自我，又绝不能固守自我，要积极主动地为社会服务，勇于承担重任；既注重自我价值的实现，又不仅仅追求个人价值。提高现实自我是一个长期的过程，必须善于调节自己的不良情绪，明确行动的目标并坚持不懈，持之以恒，才能使“现实自我”不断地向“理想自我”靠拢，并最终实现自己的人生目标。

3. 培养自我监督、自我控制的能力。一个人要想成就一番事业，就必须能抵制住诱惑，理智地约束自己的行为，这需要坚强的意志和自我控制能力。而意志健全的人，在行动的自觉性、果断性和自制力等方面都表现出较高的水平。

4. 认真进行自我探究，逐步获得积极的自我统一。自我统一是自我认识、自我体验和自我调控的统一。在获取自我统一的过程中，首先要分析和确认“理想自我”的正确性和可行性，然后与现实自我相对照，最后有针对性地、有计划地解决二者之间的矛盾，缩小差距，最终获得统一。

健全自我的过程也是一个塑造自我、超越自我的过程，对于职业技术院校的学生而言，超越自我更是终生努力的目标，在行动上，无论对人对事，均全力以赴，使自己的能力、品行得到最大限度地提高和发展。

【心理技能训练】

我的自画像

1. 活动目的：将自我形象用绘画的形式表现出来，加深个体对自我的认识。

2. 活动说明：

（1）时间：20 分钟。

（2）材料：A4 纸、彩笔。

3. 内省：画像代表着什么含义？每个部分有什么意义？是否代表独特的你的特点？你是否喜欢自己的这幅画像？

【心理小测试】

自我和谐量表（SCCS）

SCCS 是北京大学心理系的王登峰教授，在 Rogers 关于自我和谐概念的论述基础上，结合心理治疗实践编制的。能反映出自我与经验之间的关系，包含了对能力和情感的自我评价，自我一致性、无助感等。

指导语：下面是一些个人对自己看法的陈述，回答时，请您看清每句话的意思，然后圈选一个数字：（1 代表该句话完全不符合您的情况，2 代表比较不符合您的情况，3 代表不确定，4 代表比较符合您的情况，5 代表完全符合您的情况，请尽量不要选择不确定），以代表该句话与您现在对自己的看法相符合的程度，每个人对自己的看法都有其独特性，因此答案是没有对错的，您只要如实回答就行了。

1. 完全不符合；2. 比较不符合；3. 不确定；4. 比较符合；5. 完全符合

1. 我周围的人往往觉得我对自己的看法有些矛盾。
2. 有时我会对自己在某些方面的表现感到不满意。
3. 每当遇到困难，我总是首先分析造成困难的原因。
4. 我很难恰当地表达我对别人的情感反应。
5. 我对很多事情都有自己的观点，但我并不要求别人也与我一样。
6. 我一旦形成对事物的看法，就不会再改变。
7. 我经常对自己的行为不满意。
8. 尽管有时得做一些不愿意的事，但我基本上是按自己的意愿办事。
9. 一件事好就是好，不好就是不好，没有什么可含糊的。
10. 如果我在某件事情上不顺利，我往往会怀疑自己的能力。
11. 我至少有几个知心朋友。
12. 我觉得我所做的很多事情都是不该做的。
13. 不论别人怎么说，我的观点决不改变。
14. 别人常常会误解我对他们的好意。
15. 很多情况下我不得不对自己的能力表示怀疑。
16. 我朋友中有些是与我截然不同的人，但这并不影响我们的关系。
17. 与朋友交往过多容易暴露自己的隐私。
18. 我很了解自己对周围人的情感。
19. 我觉得自己目前的处境与我的要求相距太远。
20. 我很少去想自己所做的事是否应该。
21. 我所遇到的很多问题都无法自己解决。

22. 我很清楚自己是什么样的人。

23. 我很能自如地表达我所要表达的意思。

24. 如果有足够的证据，我也可以改变自己的观点。

25. 我很少考虑自己是一个什么样的人。

26. 把心里话告诉别人不仅得不到帮助，还可能招致麻烦。

27. 在遇到问题时，我总觉得别人都离我很远。

28. 我觉得很难发挥出自己应有的水平。

29. 我很担心自己的所作所为会引起别人的误解。

30. 如果我发现自己某些方面表现不佳，总希望尽快弥补。

31. 每个人都在忙自己的事，很难与他们沟通。

32. 我认为能力再强的人也可能遇上难题。

33. 我经常感到自己是孤独无援的。

34. 一旦遇到麻烦，无论怎样做都无济于事。

35. 我总能清楚地了解自己的感受。

[计分与解释]

各分量表的得分为其包含的项目分直接相加，三个分量表包含的项目为：

（1）自我与经验的不和谐：

1，4，7，10，12，14，15，17，19，21，23，27，28，29，31，33

（2）自我的灵活性：

2，3，5，8，11，16，18，22，24，30，32，35

（3）自我的刻板性：

6，9，13，20，25，26，34

将自我的灵活性反向计分（本量表中的记分是5分制的，即选择1、2、3、4、5中的其中一个。如果本来是选了4分的，那么就应该转换成2分，1分的则转换成5分，以此类推，然后再统计该项目的总分），再与其他两个分数相加。得分越高自我和谐度越低。在大学生中，低于74分为低分组，75～102分为中间组，103分以上为高分组。供同学们参考。

【小小思考角】

我是谁：全面认识自我

问自己“我是谁”，请将头脑中浮现出来的答案写下来，而后回看自己写

出的内容，体会内心的感受。评估一下对自己的陈述是积极、肯定的还是消极、否定的。由此评判你的自我接纳或自我拒绝状况。

同学们，当你完成上面的小练习，你对自己的认识是否又进了一步？人最难认识的是自己，当你完成今天的课程时，恭喜你，你在攻关这个难题的道路上更进了一步。我们要学习认识和悦纳自我，其实是为了更好地调控自我，比如管理时间，做好规划，又比如，控制情绪，健全身心。你做好准备了吗？

第四章　学做情绪的主人

【案例导读】

小玮是班里的班干部，专门负责检查纪律。有一天上自习课时大家都在看书，班里很安静，突然有个男生讲起话来，小玮让那个男生不要讲话了，没想到那男生不但不安静下来，还当众说小玮不就是个班干部吗，有什么了不起。小玮当时觉得自己特别没面子，竟然被同学当面挑衅，一时火冒三丈，冲上前去抓住那男生的衣服让他道歉；那男生也不示弱，马上和小玮扭成一团……小玮觉得自己很有理，自己是为了班级管理，可没想到事后老师批评他工作方式不对，同学们也说他脾气太暴躁了，那男生也和他关系特别僵了……小玮很委屈，没想到做工作还落了一身的埋怨，不但同学们不接受，连老师也不认可，他不知道他到底错在哪里了。

【讨论与内省】

1. 我们是否每时每刻都在受情绪的影响？

2. 你认为在你的生活中哪种情绪对你的影响最大？

【本章要点】

▶了解情绪的概念、分类

▶了解职业技术院校学生情绪的特点

▶掌握负性情绪的调适方法

人们生活在丰富多彩的社会里，常常会遇到各种各样的事情，从而引起个体的情绪情感反应。职业技术院校的学生正处于青春期向青年期的过渡时期，心理上也正经历着急剧的变化，尤其反映在情绪上。有时欢喜有时忧愁，有时激动有时郁闷……这不断两极变化的情绪不仅会影响到学习和生活，还会影响到个体的身体健康。学会管理自己的情绪，驾驭情绪，做情绪的主人，不仅可以维护身心健康，还会促进自我发展和人格成熟。

第一节 情绪的样子

人作为一种感情动物，具有丰富的情绪、情感，如：喜悦、愤怒、悲哀、恐惧和烦闷等等。情绪多种多样，表现形式也各不相同，但一些基本的情绪和情绪表达是人类共有的。

一、基本情绪的分类

关于情绪的类别，长期以来说法不一。我国古代有喜、怒、忧、思、悲、恐、惊七情说。美国心理学家普拉切克提出了八种基本情绪：悲痛、恐惧、惊奇、接受、狂喜、狂怒、警惕、憎恨。还有的心理学家提出了九种类别。现代心理学认为人有四种基本情绪，即快乐、愤怒、恐惧和悲哀。

1. 快乐。快乐是指一个人盼望和追求的目的达到后产生的情绪体验。由于需要得到满足，愿望得以实现，急迫感和紧张感解除，快乐随之产生。快乐有强度的差异，从愉快、兴奋到狂喜，这种差异与所追求的目的对自身的意义以及实现的难易程度有关。

2. 愤怒。愤怒是指所追求的目的受到阻碍，愿望无法实现时产生的情绪体验。愤怒时紧张感增加，有时不能自我控制，甚至会出现攻击行为。愤怒也有程度上的区别，一般的愿望无法实现时，只会感到不快或生气，但当遇到不合理的阻碍或恶意的破坏时，愤怒就会爆发出来。这种情绪会对人的身心产生明显的伤害。

3. 恐惧。恐惧是企图摆脱和逃避某种危险情境而又无力应付时产生的情绪体验。恐惧的产生不仅仅是由于危险情境的存在，还与个人排除危险的能力和应付危险的手段有关。

4. 悲哀。悲哀是指心爱的事物失去时，或理想和愿望破灭时产生的情绪体验。悲哀的程度取决于失去的事物对自己的重要性和价值。悲哀并不总是消极的，它有时能够转化为前进的动力。

二、情绪状态分类

情绪状态是指在一定的生活事件影响下，一段时间内各种情绪体验的一般特征表现。根据情绪状态的强度和持续时间的不同可分为心境、激情和应激三种状态。

1. 心境。心境是一种微弱、平静和持久地影响人整个精神活动的情绪状态。唐朝诗人孟郊的诗句“春风得意马蹄疾，一日看尽长安花”体现的就是一种心境。心境不是关于某种事物的特定体验，而是具有弥散性的特点，如高兴时看什么都高兴，生活中我们常说“人逢喜事精神爽”；烦闷、不高兴时，看什么都不顺眼，如林黛玉看见落花也心伤。

引起心境的原因有很多。客观方面，社会生活条件的变化是影响心境的根本原因，还有时令季节的气候变化也会影响心境。主观原因，如考试成绩的好坏，人际关系紧张与否等都是引起某种心境的原因。

心境有积极和消极之分。良好的心境使人精神抖擞，有助于积极性的发挥和工作效率的提高；不良的心境会让人悲观、消沉，不利于学习和工作的顺利进行。因此应学会把握自己的心境，使自己经常处于良好的心境之中。

2. 激情。激情是一种强烈的、短暂的、有爆发性的情绪状态，如狂喜、愤怒等都属于这种情绪状态。在激情状态下，人的理解力、自制力降低，甚至失去自我控制能力。激情时人们很难遮掩内心强烈的情绪体验，总是伴着有机体状态的改变和明显的表情动作。

激情也有积极和消极之分。积极的激情与理智、坚强的意志相联系，它能激励人们克服种种困难。消极的激情对机体的活动有抑制作用，使人的自制力下降。

3. 应激。应激是在出乎意料的危难或紧迫情况下所引起的高度紧张的情绪状态。某一事件是否引起应激、引起应激的程度以及每个人应付应激的方式，不仅受应激源（引起应激的刺激）的性质和强度的影响，更取决于人当时的心理状态、过去的经历、遗传因素及后来的学习训练等因素。

人在应激状态下常伴随明显的生理变化，这是因为个体在意外刺激作用下必须调动体内全部的能量以应付紧急事件和重大变故。

应激的生理反应大致相同，但人们的外部表现可能有很大差异。积极的应激反应表现为沉着冷静，急中生智，克服困难，全力以赴地去排除危险；消极的应激反应表现为惊慌失措，一筹莫展，或者发生错误的行为，加剧事态的严重性。这两种截然不同的行为表现，既与个人的能力和素质有关，也与平时的训练和经验积累有关。人若长期处于应激状态下，对健康不利。

三、情绪的功能性质

在我们的生活中，情绪不是一种毫无目的、没有任何意义的态度体验，而是在适应外界变化的过程中产生的、具有重要作用的工具。

1. 适应功能，即情绪对个体的认知水平有提升或降低的功能。情绪的适应功能从根本上说是为了服务、改善或调整我们的生存和生活条件。一般而言，快乐表示情况良好，痛苦表示急需改善不良处境，悲伤和忧郁表示无奈和无助，愤怒表示将进行反抗的主动倾向。总之，各种情绪的发生，时刻都在提醒着个人和社会去了解自身或他人的处境和状态，以求得良好的适应。

2. 动力功能，就是情绪对人的行为有促进或阻碍的效能。情绪能够驱使我们发生反应、从事活动，在最广泛的领域里为个体的各种活动提供动机。情绪的这一动力功能既体现在生理活动中，也体现在我们的认识活动中。比如情绪高涨时会全力以赴，力量倍增，即使遇到困难也会勇往直前；而情绪低落时则无精打采，软弱无力，稍有阻碍便畏惧不前。所以，个体应学会调节控制个人的情绪情感，使之能对自己的学习生活产生促进作用，而不能一味地沉浸在某种消极情绪情感之中无法自拔。

3. 组织功能。情绪是独立的心理过程，有自己的发生机制和操作规律。作为大脑内的一个监测系统，情绪对其他心理活动具有组织的作用。情绪的组织作用包括对活动的瓦解和促进两方面，一般说来，正性情绪起协调、组织的作用；负性情绪起破坏、瓦解或阻断的作用。有研究证明，情绪能影响认知操作的效果，其影响效应取决于情绪的性质及强度。中等水平的愉快和兴趣情绪为认知活动提供最佳的情绪背景。

情绪的组织功能还体现在对记忆的影响上。鲍维尔的研究表明，当人处在良好的情绪状态时，更容易回忆起那些带有愉快情绪色彩的材料。如果识记材料在某种情绪状态下被记忆，那么在同样的情绪状态下，这些材料更容易被回忆出来。

情绪的组织功能还表现在影响人的行为上，人的行为常被当时的情绪所支配。当人处在积极、乐观的情绪状态时，总倾向于注意事物美好的一面，态度和善，乐于助人。而消极情绪状态则使人产生悲观意识，失去希望与追求，并易产生攻击性行为。

4. 交流功能。情绪和言语一样，具有服务于人际交流的功能。言语是人际交流的主要手段，而情绪信息的传递则是言语交际的重要补充。在许多情境中，表情能使言语交流所造成的不确定性和模棱两可的情况明确起来，成为人的态度、感受的最好注解；而在另一些场合，人的思想或愿望不宜言传时，也能够通过表情来传递信息。其中，面部表情是最重要的情绪信息媒介。情绪的交流作用还体现在构成人际之间的感情联结上，友谊、亲情和恋爱，都是以感情为纽带的联结模式。

5. 感染功能。就是指个体的情绪具有对他人施加影响的效能。比如一个人情绪很差，那么同宿舍的气氛就会变得压抑，大家都会觉得不自在。

6. 迁移功能，就是指个体对他人的情绪会迁移到与他人有关的对象上去的效能，所谓“爱屋及乌”就是这个道理。

第二节　职业技术院校学生的情绪特点

情绪像空气一样时刻围绕着我们，正因为有了喜、怒、哀、惧等不同的情绪，生活才显得如此丰富多彩。

处在青年前期的职业技术院校学生，心理上正经历着急剧的变化，在情绪方面，突出表现为情绪起伏波动大，情感体验深刻、丰富和复杂，容易陷入情绪困扰。这一特点明显地影响到其学习、生活等各个方面，长期持续的不良情绪可能会危害他们的身心健康。

一、情绪发展的特点

青年前期是心理成熟的重要时期，也是情绪丰富多变、相对不稳定的时期。受社会地位、知识素养的提高以及所处特定年龄阶段的影响，职业技术院校学生的情绪带有鲜明的特征。具体表现在以下几方面：

1. 情绪的丰富性与差异性。职业技术院校学生的情绪发展是一个由不成熟到成熟、由简单到复杂，不断地渐进并趋于完善和升华的过程。在这一过程中，呈现出鲜明的丰富性与差异性。这一阶段的情绪既有未成年人的青涩，又表现出成年人的老练，年纪不同的个体在情感发展和情绪变化上也呈现一定的差异性和复杂性；他们表现出较多的自我体验，自我尊重的需要强烈，但又容易产生自卑、自负等情绪体验；且不同性别又有不同的特点，再加上两性情感因素的介入，使得他们的情感内容变得多姿多彩，异常丰富。

2. 情绪的波动性和两极性。职业技术院校学生面临着多种人生选择的时期，学习、交友、就业等人生大事基本上在这一阶段完成。社会、家庭、学校及生活事件，都会对其情绪产生影响。尽管他们的认识水平有了一定的提高，对自己的情绪已经有了一定的控制能力，情绪亦趋于稳定，但与成年人相比，他们相对敏感，情绪带有明显的波动性，一句善意的话语，一个感人的故事，一支动听的歌曲，都可以使他们的情绪发生骤然变化。

3. 情绪的冲动性与爆发性。心理学家霍尔认为青年期处于“蒙昧时代”向“文明时代”演化的过渡期，其特点是动摇和起伏的。职业技术院校学生虽已对自己的情绪能够有所控制，但随着他们兴趣广泛，对外界事物较为敏感，加之年轻气盛和从众心理的影响，在许多情况下，其情绪易被激发而不计后果，带有很大的冲动性。他们往往对符合自己信念、观点和理想的事件或行为迅速发生强烈的肯定情绪；对于不符合自己信念、观点和理想的事件或行为，则迅速出现否定情绪。个别学生有时还会有盲目的狂

热，而一旦遇到挫折或失败又会灰心丧气，情绪来得快，平息得也快。他们情绪的冲动性又常常与爆发性相联系，因其自制力较弱，一旦出现某种外部的强烈刺激，情绪便会突然爆发，甚至在语言、神态及动作等方面失去理智的控制，极易产生破坏性的行为和后果。

4. 情绪的外显性与内隐性。同所有的年轻人一样，职业技术院校的学生对外界的刺激也是反应迅速、敏感，喜、怒、哀、乐常表露于外，具有外显性的特点；一般而言，他们的许多情绪是一眼就能看出的，如：考试得了第一名或赢了一场球赛，马上就喜形于色。但随着年龄的增长，自控力的逐渐增强，使得他们情绪的外显性与内心体验并不总是一致的，在某些场合或特定情境下，他们还会把自己的真实想法封闭、隐藏起来，变得含蓄、内隐，表现出相应的内隐性。另外，随着他们社会化的逐渐完成与心理的逐渐成熟，他们能够根据特有的条件、规范或目标来表达自己的情绪，使得自己的外部表情与内部体验不一致。

5. 情绪的阶段性和层次性。在职业技术院校学习阶段，由于不同年级培养目标和学习重点不同，教育方式和课程设置也有所区别，各个年级面临的问题不同，其情绪特点也呈现出阶段性和层次性特点。新生所面临的是环境适应、学习方法的改变、对新交往对象的熟悉与了解、新目标的确立等问题，情绪波动大。高年级的学生经过了一年的适应过程，能够融于校园生活中，情绪较为稳定。毕业班学生面临实习和就业等多方面的重大问题，往往是压力大，情绪波动大，消极情绪增多。另外，由于社会、家庭及自身的要求和期望不同，能力和心理素质存在差别，也会使他们表现出不同的情绪特点。

6. 情绪的社会性与细腻性。职业技术院校的学生不仅有由生理需求引起的情绪情感表现，也有由社会需求和自我完善而引起的社会性情绪情感表现。这类社会性情绪情感主要包括理智感、道德感、责任感等，他们的社会性情绪情感的发展与自身社会成熟度是相一致的。另外随着他们交往领域的扩大，同伴之间心理接近的需要也更强烈，所以，他们的情绪情感在内心体验上也就有了更多的细腻性的特点。

第三节　负性情绪的困扰及自我调适

【案例导读】

案例一

小刚有很长一段时间总是有一种说不出来的难过的感觉，心里觉得压抑极了，做什么事情都不顺利，看什么都不顺眼，老是想哭，但又哭不出来，就是遇到应该高兴的事情也高兴不起来。以前他还有不少兴趣爱好，可是现在一点兴趣也没有，干什么都觉得没意思，觉得活着也很没意思。最近还经常失眠，饭也吃不下去，老师、同学都说他变了，他自己也不知道自己是怎么了。

案例二

某职业院校一位女生小陈，性格外向活泼，外表虽称不上漂亮，但也属于那种比较让人喜爱的类型，刚入学时是大家公认的“可人”，这一切都在另一个女生的到来后打破了。第一学期快结束时，班上转来一位调换专业的女生，由于她爱帮助同学，很快获得同学和老师的关注与好感，小陈为此很苦恼，觉得是这个女生抢走了大家原本给予她的关爱。于是她把那个女生视为自己的敌人，开始在背后讲她的坏话。有一次那女生帮班上的同学打饭，小陈趁人不注意将打好的饭倒在了垃圾桶里，以让人误会那女生根本没帮同学打饭。事情最后还是被同学查清楚了，小陈在同学中的形象一落千丈。她也很痛苦，不明白自己怎么变成这样了，自己到底做了些什么？

适度的、情境性的负性情绪反应，如考试中的紧张和焦虑、失意后的悲伤等情绪都是正常的。但是，如果个体不能很好地处理生活和学习中的各种问题，极易产生不同程度的情绪问题，从而影响身心的健康和发展。职业技术院校学生的情绪问题，一般是指他们的消极情绪，因生活事件引起的悲伤、痛苦，长时间不能消除的状态。情绪问题一方面导致其大脑神经活动功能紊乱，使情绪中枢部位的控制力减弱，使其认知范围缩小，自制力、学习效率降低，不能正确评价自我，甚至会产生某些失去理智的行为，造成心理障碍和心理疾病；另一方面，情绪问题又会降低其免疫力，导致正常生理平衡失调，引起心血管、消化、泌尿、呼吸、内分泌等系统的各种疾病。

1. 愤怒

愤怒是人的基本情绪反应，是常见的一种消极情绪，从程度上可分为不满、气恼、愤怒、暴怒、狂怒等。精力充沛、血气方刚的职业技术院校学生，在情绪情感发展上往往易激动、易动怒。有的同学会因一句话或一件小事就暴跳如雷，甚至拳脚相向，这样的结果往往导致很恶劣的后果，所以遇事应冷静分析和思考，以免伤害了别人也伤害了自己。

防止“易怒”可以采用以下几种方法：

（1）学会延迟情绪反应。当出现愤怒、冲动念头时，应该立刻对自己敲响警钟，暂停自己的情绪反应，可以试着在心中数数，默数到10后再内观自己是否还像刚才那样愤怒，并重新决定情绪和行为反应。一个人只有经常提醒自己才能有效地控制自己。

（2）学会理性思考。冲动对于问题的解决有百害而无一益。当我们克制情绪冲动，延迟情绪反应之后，要做的事情就是理性思考，理性面对刚刚发生的事情，多站到对方的角度去看问题，会让自己易怒的状态大有改观。

（3）培养乐观主义精神。学着不为暂时的困境而忧伤烦恼，多想想让自己快乐的方面，自然也就不会经常发怒了。

（4）适时改换环境，以客观环境来消除不良情绪。环境对人的情绪有着重要的影响和制约作用，当你情绪不好时，请尽快到令人愉悦的环境中去，以收到调节情绪的良好效果。

（5）合理宣泄。就是把自己压抑的愤怒情绪向合适的对象释放出来，使心理恢复平静。愤怒的情绪一旦产生，人们就会觉得怒不可忍，若过分压制愤怒，可能会引起意识障碍，影响正常的心理活动，甚至会诱发多种疾病。宣泄的途径有很多，常用的有倾诉法和写“动怒日记”。倾诉法就是到你依赖的人那里去，把自己的痛苦和不幸向自己依赖的亲朋好友坦率地倾诉，然后彻底地忘记它，甚至可以大哭一场，大叫几声，这都利于愤怒情绪的宣泄；写“动怒日记”就是记下自己动怒的时间、地点和事件，强制自己诚实地记录所有动怒的行为。只要持之以恒，很快就能发现，记录动怒的行为本身将会促使个体少动怒。宣泄愤怒情绪时，要注意宣泄的对象、场合、方式和方法，不能为了自己，把别人当成自己的出气对象而伤害他人，更不能超越法律的范围。

（6）激励调控。又叫升华，即用自我激励的方法调控自己的情绪。愤怒情绪多由虚荣心强、感情脆弱、盛气凌人所引起。对此，可采用疏导的方法，将愤怒引导到较高层次，升华到积极的人生追求上去，以此激起发奋的行动，从而达到转化的目的。比如在考试中遭到了失败，受到别人的讽刺或挖苦而感到怒气难消时，可以用自我激励的办法，把别人的嘲讽当成是对自己的鞭策，把自己的失败当成进步的台阶，变压力为动力，做生活的强者。这不仅可以起到调控情绪的作用，还有利于让自己更好的学习和生活。

【小贴士】

愤怒情绪不能得到较好的宣泄与疏导，往往会引发个体的攻击性提升。攻击性是一种有意伤害他人（包括心理伤害）的行为倾向，个体会直接给他人造成某种伤害并能意识到这种伤害。攻击行为是校园暴力的最直接引导因素，常常造成严重的后果并伴随恶劣的影响。有研究证实，减少个体的攻击性可以从调适其情绪智力入手。

所谓情绪智力由 Bar－On 提出，是指影响人应付环境需要和压力的一系列情绪的、人格的和人际能力的总和，情绪智力高的个体能识别和表达自我情绪，拥有积极的自我认同，能发挥其潜能并生活幸福。研究表明，情绪智力得分高的青少年，其攻击行为较少，且在面对现实社会的冲突情境时其耐压性更强。同时，情绪智力高的个体拥有较多的积极情绪体验，能促使个体的思维变得开放而活跃，这将有助于发展有效地解决问题策略。高情绪智力个体还具有较好的社交策略，在人际交往中能够有效地引导人际交往过程，在面对人际冲突时能够采取灵活的应对方法，从而化解矛盾，使人际关系向着健康的方向发展，从而避免攻击性。

情绪智力随年龄增长而增长，并与家庭环境有密切联系。家庭成员间的亲密度、彼此表露情感的程度、对责任和规则的重视程度以及对个体独立性的培养等都有助于个体从家庭中获得安全感，保持稳定的情绪状态，承担相应的责任与义务，理解家人及他人的情绪以及从家庭的互动中学习人际交往的策略。研究表明，在具有亲密感、有情感交流、偶尔参加娱乐活动等家庭环境中成长起来的青少年攻击性相对较低，他们可以在生活中获得较多的心理支持，且积累的攻击能量能够得到有效的宣泄，这些都有助于青少年成熟个性的培养，从而建立良好的人际关系，情绪稳定，减少攻击性。

2. 焦虑

焦虑是一种情绪反应，是对当前或预感到的挫折产生的一种紧张、不安且兼有恐惧的消极的情绪状态。其表现是：提心吊胆、惶惶不安、忧心忡忡，似乎是大祸临头，却又说不出究竟怕什么或究竟会发生什么样的灾难和不幸。焦虑是一种复杂的心理，它始于对某种事物的热烈期盼，形成于担心失去这些期待、希望。

焦虑是职业技术院校学生常见的情绪状态，它既可以成为他们成才的内驱力，起促进作用，也可以起阻碍作用。它们呈一条倒 U 型曲线关系：中等焦虑能使学生维持适度的紧张状态，注意力高度集中，促进学习；但过度焦虑则会给学生带来不良的影响，常常会使他们感到内心极度紧张不安，思维混乱、注意力涣散，甚至记忆力下降，同时还容易产生头痛、失眠、食欲不振、肠胃不适等不良生理反应。

常见的焦虑有自我形象焦虑、学习焦虑与情感焦虑。自我形象焦虑是指担心自己不够漂亮、没有吸引力、体貌过胖或矮小等，也有的因为粉刺、雀斑等影响自我形象而引起焦虑。这类焦虑主要与自我认知有关，需要通过调整自我认知重新接纳自我，建立新的自我形象。另外，与学习有关的焦虑，如学习焦虑、考试焦虑等，在学生情绪反映中最为强烈，需要引起重视。情感焦虑多数是由于恋爱受挫而引发的自我否定，恋爱受挫学生认为自己不具备爱人与被爱的能力，因而过度担心引起焦虑。

减缓焦虑的方法：

（1）改变你的态度，以正面的角度看待事物，危机也可能是转机。

（2）保持乐观，缺乏信心时，不妨以过去的成就和未来的美好前景鼓励自己。

（3）反复告诉自己，一切都没有问题，我可以应付。

（4）暂时放松数秒，拒绝受焦虑摆布。

①想象放松法。即通过对一些安宁、舒缓、愉悦情景的想象以达到身心放松的目的。

②调节放松法，又叫深呼吸法。用平缓的呼吸稳定情绪，减缓焦虑。

（5）洗个热水澡，让自己的身心得到缓释。

（6）多做些运动，这样可消耗一些使人紧张的化学物质，虽然会使肌肉疲劳，但也可放松肌肉。

（7）听音乐，可放松肌肉，也可释放心灵。

3. 抑郁

抑郁是一种过度忧愁的伤感的情绪体验，不单指各种感觉，还指情绪、认知与行为特征。最明显的症状是压抑心情，其他感觉包括容易发火、感到愤怒或有负罪感。抑郁常伴随着焦虑，主要症状为：心情压抑，兴趣或快乐减退；消极的自我观念；自我抱怨与负罪感；体重激增或剧减；睡眠困扰（很难入睡或过早醒来）；易激动或行动迟缓；注意力不集中；想死或自杀。

抑郁是一种持续时间较长的低落、消沉的情绪体验，常常与苦闷、不满、烦恼、困惑等情绪交织在一起。一般来说，这种情绪多发生在性格内向、孤僻、敏感多疑、依赖性强、不爱交际、生活遭遇挫折、长期努力得不到回报的个体身上。不喜欢所学专业，或存在人际关系处理不当、失恋等问题的学生也会产生抑郁情绪。

抑郁让人心境低落，快感减退，严重时甚至会危及生命。抑郁的治疗最重要的就是将纠结于内的能量宣泄出来，进行外向训练；再有就是学会释放被压抑和深埋的情感。具体操作方法如下：

（1）眼泪缓解法。美国精神病学家曾对 331 名 18 ~ 75 岁的人进行调查，结果表明，女性平均每月哭5.3次，男性平均每月哭1.4次，他们都感到哭过以后心情明显好转，所以哭泣这种自我宣泄方式有助于恢复心理平衡。

（2）转移注意法。当情绪不佳时，做自己感兴趣的事可以转移注意力，从而起到平抑情绪的作用。

（3）寻找快乐法。很多情况下的不快乐是由于主动放弃了感受快乐的机会，这样做会使情况变得更糟。为了改变郁闷的生活，应该把一些使人感到愉快的活动列入日程表。比如约上三两个好友聊聊天，或者报名参加学校组织的各类社团活动等。

（4）运动发泄法。科学研究指出，经常进行规律性的体育锻炼有助于缓解抑郁情绪，跑步、游泳、骑自行车、打球等运动都可以增强自信心，增强你的生活安宁感，充实你的精力。由于思想得到松弛，导致精神压抑的紧张感和忧虑感也就随之减轻了。

（5）倾诉法。个体通过与他人沟通，可以缓解压力，释放内在能量。因此，找一个值得信赖的人，将心中的想法与苦闷全盘托出，即可使抑郁得以缓解。

4. 冷漠

冷漠是指对他人冷淡漠然的消极心态，是一种对外界刺激冷淡、漠不关心、缺乏相应情感反应的消极情绪体验。冷漠与退缩一样，是一种消极情绪的内化而非外显的行为，事实上，冷漠比攻击更可怕。冷漠是一种对环境和现实的自我逃避的退缩性心理反应，它本身虽然带有一定心理防御的性质，但是它会导致当事者责任感的下降、生活意义的缺失与自我价值的放弃。主要表现为对人怀有戒心甚至敌对情绪，既不与他人交流思想感情，又对他人的不幸冷眼旁观、无动于衷，显得毫无同情心。

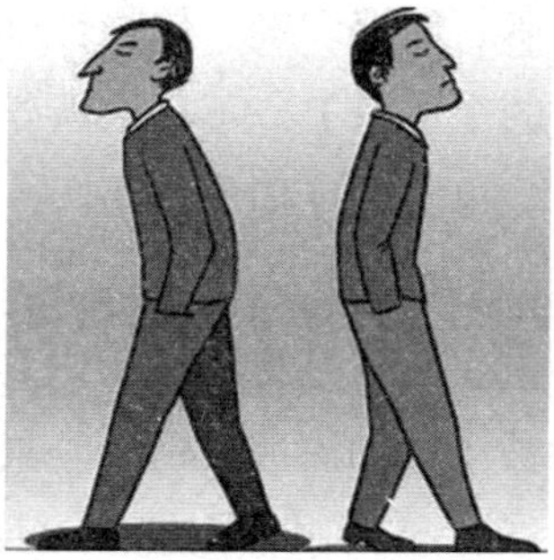

冷漠的产生，通常因受人欺骗等心灵创伤或因受人漠视、轻视甚至歧视等种种原因所致。正是这些原因，使其在人际交往中戴上灰色眼镜看待人生，逐渐失去了应有的热情和同情心。冷漠的心态也并不是在任何场合下都会产生，一般容易在其所归属的不和谐群体或陌生的群体中出现，但在受到亲朋好友尊重或家庭成员无微不至的关怀时，一般就不会出现这种态度，即使偶尔出现，只要了解原因并予以解决，冷漠也能迅速消除。

很多人一旦置身于陌生的人群当中，就表现得很冷漠，从心理学上来看，这也可能是由于责任不明确或责任分散心理造成的。美国心理学家认为，人们看到别人处于紧急状态而不去救援，不是由于人性的丧失，而是由于有他人在场，使其责任意识降低，从而抑制了人们的援助动机。其具体表现有两种：一是以为他人会采取行动。这些人的常见想法是：这么多人在，总会有人站出来吧；二是以为即使产生不好结果，也不仅仅是自己一个人的责任，因为还有其他人在场。正是由于人们潜意识中的“责任分散”，冷漠开始在我们周围蔓延了。

本来，处于青年前期的职业技术院校的学生们，正是感情丰富强烈的时期，但有些学生的表现却与此特征一点都不相符，他们对周围的人和事表现得相当冷漠。这种冷漠的情绪状态，多是压抑内心情感情绪的一种消极逃避反应，对其身心危害极大。具有这种情绪的人表面看似冷漠，内心却有强烈的痛苦、孤寂和压抑感。如果长时间地处于这种情绪状态下，巨大的心理能量无法找到适当的宣泄途径，当超过一定限度时，心理平衡会遭到破坏，从而易导致各种疾病和心理障碍的产生。

【小贴士】

消除冷漠的办法

第一，利用20分钟，仔细回忆生命中让你感动的时刻，并写下它们。例如同学的祝福、父母的电话、老师的赞美等等。在你感到麻木的时候，随时看看这些美好的记忆。

第二，回忆5次别人向你求助时，你漠然对待他的经历，然后换位思考，如果你是他，你会怎么想？并对此经历及时反省一下：这是其他人的冷漠还是你以往的冷漠遭到了回报？

第三，早晨起来对着镜子，给自己一个微笑。在路上，试着对3个陌生行人微笑。无论结果如何，这是突破自我的重要功课。

【知识链接】

同样的生活情境，个体可能会产生不同的情绪体验及情绪反应，这与其情绪弹性密切相关。情绪弹性作为心理弹性的一个相当重要的构成要素，包含两方面的含义：个体的积极情绪能力及情绪恢复能力。情绪弹性是一种重要的具有个体差异性的情绪能力，既强调个体在面对生活事件尤其是负性情绪刺激时能够产生积极情绪的能力，也强调个体从遭遇挫折情境时所引发的消极情绪体验中迅速恢复的能力，特别是后者，因为生活中的负性情绪刺激是不可避免的，只有具备了从消极情绪中迅速恢复的能力，才能使个体达到与生活环境的良好适应。

与高情绪弹性的个体相比较，情绪弹性较低的个体在面对负性情绪刺激时的抗干扰能力比较低，容易受到这些负性情绪的影响，极易导致明显的负性情绪体验。同时，这些个体因不具备从负性情绪中快速恢复的能力，又往往加剧对负性情绪的体验，最终影响其社会适应情况及心理健康状况。

有研究发现，情绪弹性和许多负性情绪有着比较密切的关系，诸如抑郁、焦虑等情绪障碍的产生，都是以较低的情绪弹性为基础的；从现象学看，很多心理异常现象也是由情绪弹性的缺失造成的。所以，加强情绪弹性的训练，提高自身情绪调节能力是个体提升生活适应力的有效措施与保证。

第四节　我的情绪我做主

情绪影响个体的学习、工作效率，影响生活和人际关系。能否管理好情绪，关系到个体是否能更好地适应社会、发挥自我潜能，更关系到个体的身心健康。职业技术院校的学生正处于从情绪的易感性向稳定性过渡的心理发展特殊时期，情感丰富、易冲动；情感起伏较大，容易走极端，经常在肯定与否定、积极与消极之间波动。因此学会调控、平衡自己的情绪，才能让自己更加快乐、健康的生活。

良好情绪的培养和调适方法主要有：

1. 降低期望值，莫过分苛求自己。人们常说：希望越大，失望就越大。在现实生活中，不少学生的挫折感往往来源于对自己的期望值过高，苛求自己。因此，应学会尽量用平和的心态去对待周围的一切，

特别是对于所谓的“荣誉”或“地位”等，务必把目标定在能力所及的范围之内。这样，当事件的发展与我们预期的方向不符时，心理接受程度会相对提高一点，失败感也就会低一些。

2. 保持乐观态度，寻找快乐。乐观的态度能让个体保持快乐、稳定的情绪，尤其是在他们遭受挫折和失败的时候，其作用更为突出。但乐观的态度并不是与生俱来的，而是逐渐培养形成的。要学会在每天所经历的事情中细细品味，发现其中蕴涵的乐趣。有首禅诗这样写道：“夏有凉风冬有雪，春有白花秋有月。若无闲事挂心头，便是人间好时节。”生活中的美到处可见。因此，要善于带着乐观的态度，从大自然中，从平凡而普通的生活中，发现美、鉴赏美、享受美，去体验快乐的人生。

3. 学会宽容待人，悦纳自己。宽容是一种较高的修养，是心胸开阔的表现；宽容表现为对他人的宽厚忍让，也表现为对自己的包容接受，即悦纳自己。不肯宽容他人的人，也很难得到他人的宽容，结果只会使自己的情绪受到影响；不懂得宽容自己的人，则常处于自责情绪中，使身心受到损害。学会宽容将有利于个体保持良好的情绪。

4. 善于去忘记。遗忘是人类与生俱来的自我保护性机制。假如人脑没有遗忘这种功能，那么，大脑就会成为一个无人管理的杂乱无章的仓库。因此，忘却是减轻大脑负担、培养良好情绪、维护身心健康的有效方法。人们不必把所有的事都牢记于心，要像清理房间一样，及时处理掉那些没用的东西，要善于忘记烦恼和忧愁、失意和苦楚，只有这样你才能真正乐观豁达起来。

5. 学会妥协和放弃。每个人都会给自己设计许多美好的愿望和追求，但在实际生活中，因现实条件的影响，不可能全部如愿。这就需要个体学会适当地放弃和妥协，否则就会被自己设定的目标所累，从而失去很多生活的快乐。

6. 建立积极的人际关系，寻求支持。人际关系的好坏对人的情绪有直接影响。在与他人相处时，如果彼此心理相容，关系融洽，能得到别人的关心和帮助，就会产生愉快的情绪；相反，与人关系冷淡，经常受到别人的轻视或冷遇，则会产生郁闷的情绪。因此，要想保持良好的情绪状态，必须学会建立积极的人际关系，寻求亲朋好友等的支持，这些支持对于陷入情绪困扰的个体尤为重要。

7. 学会合理宣泄，释放压抑。当陷入不良情绪中时，要学会把它释放出来，这样可以在一定程度上缓解心理压力，减少不良情绪的影响。当然情绪的宣泄要适时适度，必须注意时间和场合，注意方式、方法，避免影响他人和社会。

8. 运用合理情绪理论自我调节情绪。美国著名心理学家艾利斯（A. Ellis）于20世纪50年代创立的合理情绪疗法，认为人们的情绪障碍是由人们的不合理信念所造成的。艾利斯认为：人的情绪不是由某一诱发性事件的本身所引起，而是由经历了这一事件的人对这一事件的解释和评价所引起的。这就形成了ABC理论的基本观点，在ABC理论模式中，A是指诱发性事件；B是指个体在遇到诱发事件之后相应而生的信念，即他对这一事件的看法、解释和评价；C是指特定情景下，个体的情绪及行为的结果。艾利斯说："人不是为事情所困扰着，而是被对这件事的看法困扰着。"他认为，只有改变不合理的信念，才能解决因此而带来的不良情绪和行为问题。他常常用辩论、合理情绪想象、家庭作业等技术、方法向不合理的信念挑战，以改变不合理信念。随着不合理信念的消除，异常紧张情绪开始减少或消除，并产生出更为合理、积极的行为方式。行为所带来的积极效果，又促进着合理信念的巩固与情绪的轻松愉快。最后个体通过情绪与行为的成功转变，从根本上确立合理的思维方式，不再受异常紧张情绪的困扰。

【知识链接】

依据ABC理论，分析日常生活中的一些具体情况，我们不难发现人的不合理观念常常具有以下三个特征。

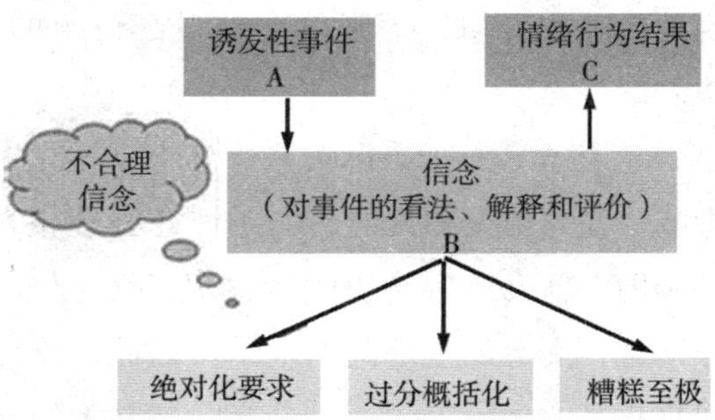

1. 绝对化的要求。它是指人们常常以自己的意愿为出发点，产生某事物必定发生或不发生的想法。它常常表现为将"希望""想要"绝对化为"必须""应该"或"一定要"。例如，"我必须成功""别人必须对我好"等。这种绝对化的要求之所以不合理，是因为每一个客观事物都有其自身的发展规律，不可能以个人的意志为转移。对于某个人来说，他不可能在每一件事上都获得成功，他周围的人或事物的表现及发展也不会随便依他的意愿来改变。因此，当某些事物的发展与其对事物的绝对化要求相悖时，他就会感到难以接受和适应，从而陷入情绪困扰之中。

2. 过分概括化。这是一种以偏概全的不合理思维方式的表现，它常常把“有时”“某些”过分概括化为“总是”“所有”。用艾利斯的话来说，这就好像凭一本书的封面来判定它的好坏一样。它具体体现在人们对自己或他人的不合理评价上，典型特征是以某一件或某几件事来评价自身或他人的整体价值。例如，有些人遭受一些失败后，会认为自己“一无是处、毫无价值”，这种片面的自我否定往往导致自卑自弃、自罪自责等不良情绪。而这种评价一旦指向他人，就会一味地指责别人，产生怨恨、敌意等消极情绪。我们应该认识到，“金无足赤，人无完人”，每个人都有犯错误的可能性。

3. 糟糕至极。这种观念认为如果一件不好的事情发生了，那将非常可怕和糟糕。例如，“我没考上大学，一切都完了”。这种想法是非理性的，因为对任何一件事情来说，都会有比之更坏的情况发生，所以没有一件事情可被定义为“糟糕至极”。如果一个人坚持这种“糟糕”观，那么当他遇到所谓的百分之百糟糕的事时，便会陷入不良的情绪体验之中，从此一蹶不振。

因此，在日常生活和工作中，当遭遇各种失败和挫折时，要想避免情绪失调，就应多检查一下自己的大脑，看是否存在一些“绝对化要求”“过分概括化”和“糟糕至极”等不合理想法。如有，应有意识地用合理观念取而代之。

【心灵故事】

《钉子和坏脾气》

有一个男孩脾气很坏。他的父亲就给了他一袋钉子，并且告诉他，每当他发脾气的时候就钉一颗钉子在后院的围篱上。

第一天，这个男孩钉下了 37 颗钉子。慢慢地每天钉子的钉子数量减少了。他发现控制自己的脾气要比钉下那些钉子来得容易些。终于有一天这个男孩再也不会失去耐性乱发脾气。他告诉他的父亲这件事，父亲告诉他，现在开始每当他能控制自己的脾气的时候，就拔出一根钉子。

一天天过去了，最后男孩告诉他的父亲，他终于把所有钉子都拔出来了。父亲握着他的手来到后院说：你做得很好，我的好孩子。但是看看那些围篱上的洞，这些围篱将永远不能恢复成从前的模样。你生气的时候说的话将像这些钉子一样留下疤痕。如果你拿刀子捅别人一刀，不管你说了多少次对不起，那个伤口依然会永远存在。话语带来的伤痛就像真实的伤痛一样令人无法承受。

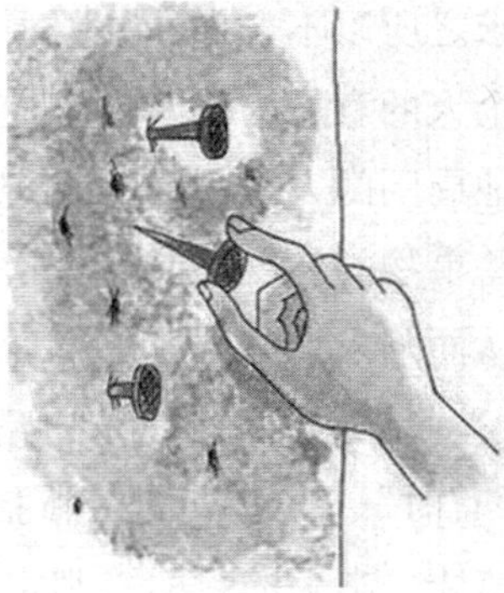

【心理技能训练】

负性情绪反应型

1. 活动目的：

（1）探索个体不同的情绪反应能力。

（2）观察、学习他人的情绪调节方法。

2. 活动说明：

（1）时间：15 分钟。

（2）材料：A4 白纸。

3. 实施程序：

（1）认真思考 2 分钟并回答：当你产生情绪波动，特别是产生负性情绪时，你的惯常反应是怎样的，效果如何？

（2）每人写 2 ~3 种反应。

（3）小组内交流与分享。

（4）每小组选出一名代表全班分享。

4. 注意事项

每种反应方式都是在个体独特的成长经历中形成的，要在小组成员间建立安全的、接纳的氛围。

【心理小测试】

情绪稳定性自我测试

下面这份自我测试是用来测验你的情绪稳定性的，请认真阅读以下 30 道题，快速选择答案。

1. 你看自己最近拍摄的照片时，你有何想法？

A. 觉得不称心　B. 觉得很好　C. 觉得还可以

2. 你是否想到若干年后会有什么使自己极为不安的事？

A. 经常想到　B. 从来没有想过　C. 偶尔想到

3. 你是否被朋友、同事或同学起过绰号并挖苦过？

A. 这是常有的事情　B. 从来没有　C. 偶尔有过

4. 你上床以后，是否会再起来一次，看看门窗是否关好、煤气是否关好？

A. 经常如此　B. 从不如此　C. 偶尔如此

5. 你对与你关系最密切的人是否满意？

A. 不满意　B. 非常满意　C. 基本满意

6. 半夜的时候，你是否经常觉得有什么值得害怕的事？

A. 经常有　B. 从来没有　C. 极少有这种情况

7. 你是否因梦见什么可怕的事而惊醒？

A. 经常　B. 没有　C. 极少

8. 你是否曾经有多次做同一个梦的情况？

A. 有　B. 没有　C. 记不清

9. 有没有一种食物使你吃后呕吐？

A. 有　B. 没有　C. 记不清

10. 除去看见的世界外，你心里有没有另一个世界？

A. 有　B. 没有　C. 记不清

11. 你心里是否时常觉得你不是现在的父母所生？

A. 时常　B. 没有　C. 偶尔有

12. 你是否经常觉得有一个人爱你或尊重你？

A. 是　B. 否　C. 说不清

13. 你是否常常觉得你的家庭对你不好，但你又确知他们对你很好？

A. 是　B. 否　C. 说不清

14. 你是否觉得没有人十分了解你？

A. 是　B. 否　C. 说不清

15. 你在早晨起来的时候最常有的感觉是什么？

A. 忧郁　　B. 快乐　　C. 说不清

16. 每到秋天你常有的感觉是什么？

A. 秋雨阵阵或枯叶遍地B. 秋高气爽或艳阳天C. 说不清

17. 你在高处的时候是否会觉得站不稳？

A. 是　　B. 否　　C. 有时是这样

18. 你平时是否觉得自己特强健？

A. 是　　B. 否　　C. 不清楚

19. 你是否一回家就立即把房门关上？

A. 是　　B. 否　　C. 不清楚

20. 你坐在小房间里把门关上后，是否觉得心里不安？

A. 是　　B. 否　　C. 偶尔是

21. 当一件事需要你做决定时，你是否觉得很难？

A. 是　　B. 否　　C. 偶尔是

22. 你是否常常用抛硬币、翻纸牌、抽签之类的游戏来测凶吉？

A. 是　　B. 否　　C. 偶尔

23. 你是否常常因为碰到东西而跌倒？

A. 是　　B. 否　　C. 偶尔

24. 你是否需要一个小时以上才能入睡，或醒得比你希望的早一个多小时？

A. 经常这样　　B. 从不这样　　C. 偶尔这样

25. 你是否曾看到、听到或感到别人察觉不到的东西？

A. 经常这样　　B. 从不这样　　C. 偶尔这样

26. 你是否觉得自己有超乎常人的能力？

A. 是　　B. 否　　C. 不清楚

27. 你是否觉得有人跟着你走而心里不安？

A. 是　　B. 否　　C. 不清楚

28. 当你一个人走夜路时，是否觉得前面暗藏着危险？

A. 是　　B. 否　　C. 不清楚

29. 你对别人自杀有什么想法？

A. 可以理解　　B. 不可思议　　C. 不清楚

30. 你是否觉得有人在注意你的言行？

A. 是　　B. 否　　C. 不清楚

［计分与解释］

以上各题的答案，选 A 得 2 分，选 B 得 0 分，选 C 得 1 分，然后相加算出总分。你的得分越少，说明你的情绪越佳。测试结果：

0～20 分：表明你情绪稳定、自信心强，具有较强的美感、道德感和理智感。你有一定的社会活动能力，能理解周围人们的心情，顾全大局，你一定是个性格爽朗、受人欢迎的人。

21～40 分：说明你情绪基本稳定，对事情的考虑过于冷静，处事淡漠消极，不善于发挥自己的个性。你的自信心受到压抑，办事热情忽高忽低，易瞻前顾后。

41 分以上：说明你情绪极不稳定，日常烦恼太多，自己的心情常处于紧张和矛盾之中。

如果你的得分在 50 分以上，则是一种危险信号，应该及时与心理辅导老师联系咨询。

【日常心理技能训练】

自我冥想练习

活动准备：自由而安全的环境。

时间：30 分钟

操作流程：

请选择一个安静的场所，确保不会被打扰到，然后坐下来（或者躺下来），闭上眼睛关注自己的呼吸，并逐步让自己呼吸的节奏慢下来，达到静心的效果。接下来，请跟着指导语展开想象。（可以自行提前录制好指导语）

现在，我来到一个美丽安宁的地方……这里绿意盎然，阳光明媚，有很多很多的树……这些树都很大很漂亮……我发现了一棵粗壮美丽的树，它有着干净的、可以让我靠近的树干……我走过去，慢慢地转过身，背靠

在这棵树上，我可以感受到它的力量……倚靠在树干上，我可以感受到阳光从树叶的间隙中照进来，温暖地洒满我的肩头；有风从我的面庞吹过，温柔地抚触我的面颊……在这样柔和的氛围里，我的呼吸都变得和缓起来……我感觉自己慢慢地与树干融为一体，与周围的环境融为一体……我感觉自己就是这棵大树，坚实地扎根于土地，我可以闻到泥土的芬芳，感觉自己温暖而有力……我的呼吸变得更加平和，我变得更有力量……我现在深深地吸一口气，可以感觉到大树的能量成为我自己的能量来源，这些能量进入了我的身体，给我注入更多的生命活力……缓缓地，我吐出一口气，我把所有不愉快、不开心的过往都从身体里驱散出去……我可以感觉到大树的枝叶繁茂，不断地伸向天空……我吸入太阳的光芒，吸入氧气，我的能量更加充足了……我就是这棵大树，与大地相依，与天空联结，我可以吸取大地和天空中的所有能量，我也有足够的力量去迎接自然界中的风吹雨打……我是一棵充满能量的大树，我有足够的动力去迎接生命中的所有挑战……我时刻都会拥有这份能量……

【小小思考角】

面对负性情绪的困扰，每个人的反应模式都是不相同的。有的人会一个人静静地思考或发呆，有的人会独自哭泣或蒙头大睡，也有的人会以物质上的享乐来弥补心理上的苦恼，还有的人会选择向他人倾诉。这些反应模式都可以在不同程度上使当事人的情绪得到舒解。通过技能训练，你是否认识并理解了自己自动化的情绪反应模式，它是否有效地缓解了你的情绪？你又该用什么样的方法来训练自己的情绪弹性呢？

第五章　人格完善说

【案例导读】

李某，特别喜欢穿衣打扮，与同学说话交流的时候像是在舞台上表演；同时容易发脾气，愿望如不能得到满足，就烦躁不堪。爱听表扬的话，与人谈话时，总喜欢别人夸赞自己的美貌或家庭的地位，而对别人的讲话内容则心不在焉。喜欢感情用事，以自己高兴与否判断事物的对错和人的好坏，对同学善意的批评，即使很婉转，也不能接受，不但不领情，还仇视别人。与别人争论问题时，总要占上风，即使自己理亏，也要编造谎言，设法说服别人。

【讨论】

李某的表现属于正常范畴吗？你认为应该怎样帮助她做些合理的调整呢？

【本章要点】

▶了解什么是人格

▶了解人格障碍的表现形式

▶掌握如何塑造健全的人格

人格是一个人素质的重要组成部分，也是一个人心理面貌的集中反映。人格是一个丰富而复杂的心理成分，它凝聚着先天遗传、家庭、教育与社会文化等方面的个体风貌。一个人生理上的成长在二十几岁就停止了，而人格上的成长却是持续一生的过程。“人有千面，各有不同”，人格有着鲜明的个性特征，人格的差异铸就了个体千差万别的心理面貌。人格的成熟意味着个体心理的成熟，人格的魅力展示着个体心灵的完善。职业技术院校的学生身心发展迅速，自我意识也将由分化、矛盾、冲突而逐渐走向统一，这正是其人格发展、完善的重要时期，每个人都应关注自己的人格状况，积极主动地塑造自己，逐步让自己的人格走向健康、完善。

第一节　面具的特质

一、我们的面具

人格究竟是什么，心理学家曾经作过大量的探究，提出过众多的定义，从人格一词的来源来看，它来自拉丁文 persona，此词的原意是指希腊戏剧中演员戴的面具。面具随人物角色的不同而变换，体现了角色的特点和人物的性格，就如同我国戏剧中的脸谱一样。心理学沿用面具的含义并把它转译为人格（我国心理学界也有人译为“个性”），其包含两层含义：外在表现以及内在特征。因此，对于人格的理解，我们可以从心理与行为的完整统一的角度去认识，可以说，所谓人格就是一个人的心理与行为的完整体现，即一个活生生的人。人格是个体心理特性的整合体，在不同的时空背景下影响人的外显和内隐的行为模式。

二、人格的结构

人格是由不同成分构成的一个综合系统，不同成分从不同侧面反映个体的差异。人格结构系统包括气质、性格、动机、认知、自我调控等成分。其中气质和性格是人格结构的主要方面。

1. 气质

气质是人格的基础之一，是指个体表现心理活动的强度、速度、灵活性和指向性的一种稳定的心理特征，是人格结构中比较稳定的并与遗传素质密切相关的成分。在日常生活中，我们常说某人稳重、文静，某人爽快、泼辣，就是指人的气质表现。气质使个体的心理活动染上一种独特的色彩。

现代心理学沿用了古希腊医生希波克拉底和古罗马医生盖伦的说法，将气质分为四种类型：胆汁质、多血质、黏液质和抑郁质。四种气质类型特点如下。

（1）胆汁质

这种气质最突出的特点是具有很高的兴奋性，因而在行为上表现出不平衡性。这种人脾气暴躁，态度直率，活动精力旺盛。他们能够以极大的热忱投身于事业，埋头于工作，能够克服在达到既定目标道路上的重重困难。但是，他们也常常是粗枝大叶，遇事欠思量的，常感情用事。优点是一旦认准目标，就希望尽快实现，遇到困难不折不挠，往往富有开拓精神，但一旦精疲力竭，又往往对自己的能力失去信心，情绪便会从此低落下来。

（2）多血质

这种人突出的特点是乖巧伶俐，富有朝气，情绪丰富而外露，喜怒常形于色。他们对自己的事业有着浓厚的兴趣，并能保持相当长的一段时间。这种人有很高的灵活性，容易适应变化了的生活条件，善于交际，在新的环境里不感到拘束。他们精神愉快，朝气蓬勃，但是一旦事业不顺利，或需要付出艰苦努力时，其热情就会大减，情绪很容易波动。

（3）黏液质

这种人安静、平衡，始终是平稳的、坚定的和顽强的人。这种人能够较好地克制自己的冲动，能严格地遵守既定的生活规律和工作制度。他们态度持重，交际适度。他们的不足之处是稳重有余而灵活不足，过于拘谨，不善于随机应变，有墨守成规、因循守旧的表现。但这种惰性也有积极的一面，它可以保持从容不迫和严肃认真的品格。

（4）抑郁质

这种人的突出特点是具有高度的敏感性，性情孤僻，行动迟缓，情感体验深刻，最容易受到挫折。在困难面前常优柔寡断，在面临危险情势时会感到极度的恐惧。这种人常常为微不足道的缘由而动感情。

气质本身无优劣之分，任何一种气质都有其积极和消极的方面，而且气质中的优缺点，往往是同一特点在不同方面的表现。因此，职业技术院校的学生要正确对待自己的气质类型，经常有意识地控制自己气质的消极品质，发扬积极品质，以形成良好的个性。

2. 性格

性格是人格结构中表现最明显同时也是最重要的心理特征。性格是个体对现实比较稳固的态度以及与之相应的习惯化了的行为方式的总和，它决定个体的活动方向，是一个人区别于他人的最主要的特征。性格的个别差异是很大的，有人深沉、内在和多思；有人热情、开朗和活泼，它们体现了人格的个别特质的差异。

性格有多种多样的特征，它们的组合形成了复杂的结构。这些特征主要由以下四方面组成：

（1）性格的态度特征

如同情或冷漠，正直或虚伪，勤奋或懒惰，认真或马虎，自信或自卑，开拓创新或墨守成规等。

（2）性格的意志特征

如目的性或盲目性，纪律性或散漫性，独立性或易受暗示性，自制或任性，果断或犹豫，持之以恒或虎头蛇尾等。

（3）性格的情绪特征

如热情或低沉，乐观或悲观等。

（4）性格的理智特征

如主动观察或被动观察，偏好分析或偏好综合，富有想象或想象被阻抑，富于创造性或好钻牛角尖等。

性格并不是上述特征的简单相加，而是各个特征之间有机的结合，使性格结构具有能动性。性格的各个特征是既相互联系，又彼此制约，人们可以依据某人的某些性格特征来推测其他方面的特征，如急躁多与冲动、粗心、好激动等特征有关。一个人的性格会随个人的角色转变、环境和情境的变化以及对自我要求的不同而呈现出不同的特征，从而使人的性格表现具有丰富性和复杂性。例如，一个懒散的学生在父母面前懒散的侧面表现较多，而在整洁有序的寝室内可能表现较少。

三、人格的特征

1. 独特性与整体性

一个人的人格是在遗传、成长环境、教育等先天及后天因素的交互作用下形成的。不同的遗传、生存及教育环境，形成了各自独特的心理特点。人与人没有完全一样的人格特点。人格是千差万别、千姿百态的，这就是人格的独特性。

人格又是一个人的各种人格倾向性和人格特征的有机结合。这些成分或特征不是各自孤立地存在着，也不是机械地叠加在一起，而是错综复杂地相互联系、交互作用组成一个完整的人格。人格的整体性有多方面表现：

（1）人格的内在统一性。正常人总是能够正确地认识和评价自己，能及时地调整在人的内部心理世界中出现的相互矛盾的心理冲突。否则，他的行为就会经常由几种相互抵触的动机支配，就是一种人格分裂现象，俗称“双重人格”或“多重人格”。

（2）只有从整体出发，在和其他人格特征联系中，才能认识个别，使其具有确定的意义。如沉默寡言，使人显得孤独这一特征，在不同人身上，可能有不同意义。

（3）人格是由各个紧密相连系的成分构成的多层次、多侧面的统一整体。其中有低级成分与高级成分之分，有主要成分与次要成分之分，有主导成分与从属成分之分，是一个复杂的系统。

2. 稳定性和可塑性

人格的稳定性是指个体的人格特征具有跨时间的持续性和跨情景的一致性。它是个体行为中经常的表现，而不是偶然的表现。所谓“三岁看大，七岁看老”，就是对这一特点的最好诠释。正因为人格具有稳定的特征，才能表明一个人是具有人格的个体，否则就很难说一个人的人格是什么样子，也正因为人格具有稳定性的特点，我们才能把一个人和另外一个人在精神面貌上区别开来；我们才能预料到一个人在某种情况下将会做些什么，这也是对一个人了解和使用的依据。

人格具有稳定性并不意味着它是永不改变的，人格也具有可塑性。它随着现实环境的多样性和多变性而或多或少地发生变化，所谓“近朱者赤，近

墨者黑”。正在形成中的儿童的人格还不稳定，易受环境影响而发生变化。成年人的人格比较稳定，在人格改变中自我调控起重要作用。

3. 生物属性和社会属性

人的自然的生物特性不能预定人格的发展方向，然而它却构成人格形成的基础，影响着人格发展的道路和方式，影响着人格形成的难易。而个体所处的后天的社会环境对人格的形成和发展起决定作用，可以说人格是在先天为儿童所提供的生物实体的基础上，通过社会活动和社会交往而逐渐社会化的。在人格形成上，既不能排除社会因素，也不能排除生物因素，它们二者相互作用共同影响人格的形成和发展。

4. 功能性

人格在人们的生活中发挥着巨大的作用，人格决定着一个人的生活方式，决定着一个人事业的成败，甚至决定着一个人的命运。心理学家卡尔·荣格有句名言：“性格决定命运”。这就是人格功能的体现，即人格是人生成败的根源之一。在困难面前，性格坚强的人会迎难而上，战胜困难；性格软弱的人会知难而退，遭遇失败。健全的人格，使人乐观向上；不健全的人格，使人消极生活。

四、影响人格形成与发展的因素

随着心理学的发展，人们已经比较一致地认为，无论是人格结构，还是人格的某方面特质，都是在遗传与环境两个因素交互作用下逐步形成和发展的。遗传提供了人格发展的基础，环境是人格发展的外部条件，其中教育起了主导作用。

1. 遗传因素

从双生子的研究到基因、生化学的例证都说明遗传是人格不可缺少的影响因素。遗传因素对人格的作用程度因人格特征的不同而异。通常在智力、气质这些与生物因素相关较大的特征上，遗传因素较为重要；而在价值观、信念、性格等与社会因素关系紧密的特征上，后天环境更为重要。

2. 环境因素

人既是一个生物个体，又是一个社会个体。人自出生后，各种环境因素的影响就开始了，并会作用于人的一生。后天环境的因素是多种多样的，小到家庭因素，大到社会文化因素。

（1）社会文化

每个人都处于特定的社会文化之中，文化对人格的影响是极为重要的，而且这种影响伴随着人的终生。社会文化塑造了社会成员的人格特征，使其成员的人格结构朝着相似性的方向发展，而这种相似性又具有维系一个社会稳定的功能。这种共同的人格特征可以使得个人正好稳稳地嵌入整个文化形态里。因此，可以说社会文化对人格具有重要作用，特别是后天形成的一些人格特征，如性格、价值观等。而且社会文化因素决定了人格的共同性特征，它使得同一个社会的人在人格上具有一定程度的相似性，如民族性格等。

（2）家庭教育

家庭常被视为人格的加工厂，它塑造了人们不同的人格特征。家庭虽然是一个微观的社会单元，但它对人格的培育起到了至关重要的作用。父母们按照自己的意愿和方式教育着孩子，使他们逐渐形成了某些人格特征。家庭是社会文化的媒介，它对人格具有强大的塑造力；父母在养育孩子的过程中，表现出了自己的人格，并且会有意无意地影响和塑造孩子的人格，形成家庭中的“社会遗传性”。

（3）学校教育

学校和教师对于学生人格的发展具有指导和定向的作用。教师的人格特征、行为模式与思维方式会对学生产生巨大的影响。教师的言传身教和公平公正对学生有着巨大的影响。著名的“期望效应”的传奇故事，说明了每个学生都需要老师的关爱，会在老师的关注下做出自己应有的发展。

学校也是同辈群体共同活动的重要场所，同辈群体对人格的形成有重要的影响作用。同辈群体的特点、要求、舆论和评价对于学生人格发展会起到意想不到的影响。同样，校风、班风对学生人格发展也有不同影响。

综上所述，人格是遗传与环境交互作用的结果。遗传决定了人格发展的可能性，环境决定了人格发展的现实性。这是研究者们已经达成的共识。

3. 自我教育因素

人在实践活动中，在接受环境影响的同时，个人的主观能动性也起着积极的作用，因为所有的环境因素和一切外来的影响都必须通过个体的自我调节才能起作用。职业技术院校学习阶段正是学生人生观、价值观、理想、信念等人格倾向性形成的关键时期，也是他们能力、性格等人格心理特征形成和发展的关键时期，因此，他们的人格仍然具有较大的可塑性。他们在自身人格形成的过程中，希望成为什么样的人，不希望成为什么样的人，在一定程度上具有主动权，自己要为自己人格的形成负主要责任。

第二节　人格障碍的常见类型

【案例导读】

案例一

关某，原来性格内向，不爱说话。后来因喜欢一女生，鼓足勇气给那位女同学写了一封信，却被那女同学嘲笑着当众把信撕掉。从此关某痛恨女生，经常恶作剧地往女生抽屉洞里放一些虫子，听到女生的尖叫他觉得很开心。渐渐地他不再以此为乐，对校园里偶尔走过的结伴同行的男生和女生，他心里有说不出来的滋味。终于有一天，他用水果刀捅伤了学校的一对情侣……

案例二

王某是一位刚升入职业技术院校的男生。刚开学时，被班主任老师指定担任班长。但没多久就因与同学关系不和而被撤掉班长一职。王某心里很不服气，并疑心是新任的班长嫉妒他的才干在背后捣的鬼，感觉自己受到了排挤和压制。于是他就整天找借口与同学闹矛盾，与老师发生冲突，有一天还借故把新任班长打伤了，学校要处分他，他更是把老师和同学告到校长和家长那里，并要求恢复他的班长之职。

案例三

小张是某职业技术院校三年级的学生，自入学以来，他一直是学生会干部，对待工作非常认真负责，深得老师和同学的喜爱。进入三年级后，老师安排了两名同学帮助小张的工作，一是可以减少他的劳动量，让他有更多的时间可以放到学习上；二是让他带一带新同学。可小张忽然不能适应了，原来的工作热情也降低了，而且与新同学的关系也弄得很紧张。一学期下来，老师鉴于小张的实际表现，建议小张不再负责学生会主要工作，转而协助新同学的工作。面对这样的决定，小张的情况更为恶化，不再与任何人说话，看到人总是低着头，当别人主动与他接近时，他总是有意回避。

在人格偏差中有轻微偏差的，称为人格轻微异常，主要表现为自卑、嫉妒、抑郁情绪、害羞胆怯、暴躁攻击等。在人格偏差较严重的，称为人格障碍或变态人格。

一、人格障碍的定义

人格障碍又叫变态人格，或称人格异常。它是指一种人格发展的内在不协调，是在没有认知过程障碍或没有智力障碍的情况下出现的情绪反应、动机和行为活动的异常。这种人格在发展和结构上明显偏离正常，致使自己不能适应正常的社会生活。心理活动的“常态”和“变态”是相对而言的，从人格健全到人格异常并无绝对的界限，呈现出由量到质渐变的状态。人格障碍并非精神病，亦非神经病，但能给病人或社会造成精神痛苦和危害。因其是在没有认知或智力障碍的情况下所形成的情感、意志和行为活动的障碍，因此，人格障碍者具有刑事责任能力，对其行为要负全部责任。值得重视的是：人格障碍与精神病是相互转化的，严重的人格障碍者如果得不到及时有效的矫正，会成为精神病的高发人群。

具有人格障碍的人与周围社会环境之间也是不协调的。他们常常与周围的人，甚至是自己的亲人发生冲突；在生活和工作中不能和同事友好相处；对工作缺乏责任感和义务感，玩忽职守，甚至超越社会的伦理、道德规范，做出扰乱他人或危害社会的行为，以致无法适应正常的社会生活。

在职业技术学院学生中，较为常见的是人格轻微异常，人格障碍较为少见。但为有效预防，有必要对人格障碍进行深入的认识和了解。

和正常人格一样，人格障碍是由于生物、心理、社会环境等各方面因素共同综合形成的。一旦形成，往往具有一定的稳定性，要改变并非易事，但通过加强自我调节和进行各种治疗，人格障碍可以在一定程度上得到纠正。

二、人格障碍的一般特征

1. 有紊乱不定的心理特点和难以与人相处的人际关系，如偏执怀疑、自我爱恋、被动、侵犯等。

2. 把自己遇到的一切困难都归咎于命运和别人的错误，把社会和外界对自己不利的条件都看作是不应该的，对自己的缺点却无所觉察，也不改正。

3. 自我中心，认为自己对别人不需负任何责任，对自己不道德的行为没有罪恶感，对伤害别人的行为不后悔，对自己的一切行为都执意地偏袒与辩护，以自己的利益为中心，而不能设身处地地体谅他人。

4. 在任何环境中都表现出猜疑、仇视和偏颇的看法，难以改变病态观念。

5. 缺乏自知，当行为后果伤害他人时，自己却泰然自若，毫无感觉。

6. 一般意识清醒，无智力障碍。

7. 幼年开始，一旦形成难以改变。

一般认为，紊乱不定的心理特征和难以相处的人际关系是各类人格障碍的突出特征。

三、人格障碍的类型

人格障碍的类型很多，目前尚无统一公认的分类。参照美国《心理障碍的诊断的统计手册》（DSM－Ⅲ）中的分类，人格障碍分为三类。第一类以行为怪癖、奇异为特点，包括偏执（妄想）型、分裂型、强迫型人格障碍等。第二类以情感强烈、不稳定为特点，包括自恋型、反社会型、冲动型人格障碍等。第三类以紧张、退缩为特点，包括回避型、依赖型、被动攻击型人格障碍等。

1. 分裂型人格障碍

主要特点是孤独、淡漠，几乎没有体验过愉快的活动。情绪表现冷漠、疏离，对他人表达温情、体贴或愤怒的能力有限。无论是对批评还是表扬都无动于衷，几乎总是单独活动，过于沉溺于幻想和内省。极少有亲密的朋友或知己，亦无法享受与他人亲密的关系，让人觉得冷淡、孤单。与人不能建立相互信任的关系，往往选择不需与人接触的工作。

2. 偏执型人格障碍

偏执型人格又叫妄想型人格，其行为特点常常表现为：极度的感觉过敏，对侮辱和伤害耿耿于怀；思想行为固执刻板，心胸狭隘；爱嫉妒，对别人获得成就或荣誉感到紧张不安，妒火中烧，不是寻衅争吵，就是在背后说风凉话或公开抱怨和指责别人；总认为自己正确，对自己的能力估计过高，惯于把失败和责任归咎于他人，在工作和学习上往往言过其实；同时又很自卑，总是过多过高地要求别人，但从来不信任别人的动机和愿望，认为别人存心不良；不能正确、客观地分析形势，有问题容易从个人感情出发，主观片面性大；忽视或不相信与本人想法不相符合的客观证据。因而很难通过讲道理或摆事实来改变他的想法。具有这种人格的人在家不能与家人和睦相处，在外不能与朋友、同事相处融洽，别人只好对他敬而远之。

3. 强迫型人格障碍

强迫型人格障碍大多开始于青年期。其表现是：平时常有不安全感和不完善感，过分认真、过分注意细节、过分自我克制和自我关注，责任感过强，常常追求完美，同时又过分墨守成规，缺乏随机应变的能力，过分拘谨和小心翼翼。在处事方面，由于过于谨小慎微，常常顾虑小事而忽略大事。并常要求别人按自己的方式办事，以致妨碍别人的自由；或不相信他人而拒绝他人，过分注重工作，因而放弃休闲活动或友谊（但无明显财产的需求）；怕犯错误，遇事优柔寡断，难以做出决定。对有关伦理、道德或价值观的事物，表现得过于诚实，一丝不苟而毫无弹性。

4. 反社会型人格障碍

反社会型人格障碍也叫悖德型人格。其特征表现为情绪不稳定，无所顾忌，常为一时的冲动所左右；与人敌对，爱挑起争端，时常表现出仇视，恶毒中伤。这种人在 18 岁之前，就常有撒谎、逃学、小偷小摸、打架、被学校开除、拘留、管教、虐待动物或弱小同伴等不良行为。18 岁以后有破坏公共财物、经常旷工、长久待业或多次变换工作等行为表现；易激惹、斗殴和攻击别人，心肠冷酷、忘恩负义，甚至对自己的亲人也不例外；危害别人时毫无内疚感。

5. 爆发型人格障碍

爆发型人格也称冲动型人格，主要特征是行为冲动不计后果，伴有情绪不稳定、喜怒无常，事先计划的能力差等表现。强烈的愤怒爆发常导致暴力，做出破坏和伤人等攻击行为，结交朋友常常凭一时的感情冲动。

6. 癔病型人格障碍

癔病型人格障碍也叫戏剧性人格，这一人格障碍始于青年期，癔病型人格障碍的主要特点是活泼好动，性格外向，不甘寂寞。与他人交往时感情用事，感情胜过理智。具有表演才能，他们平时与人接触交往，就像一位戏剧演员在舞台上演戏一样，表情丰富，谈话内容过分夸张。习惯以自我为中心，在人际交往中只考虑自己的需求，丝毫不考虑别人当时的实际情况，为此常常造成人际关系紧张。对人际关系亲密性的判断超过实际情况。例如，总觉得自己有很多知心朋友，但实际情况并非如此，这只是他的一厢情愿而已。

在人际关系受到挫折或应激情况下，较易产生自伤或自杀行为。其自伤行为一般程度较轻，常常只是表皮划伤等，较少见伤及深部的血管和神经，带有表演性。受暗示性较强，很容易接受他人或周围情境的影响，这与他们在日常生活中缺乏冷静分析的头脑有一定关系。

7. 自恋型人格障碍

自恋型人格障碍始于青年期。其特征一般表现为：自私、傲慢、自命不凡、目中无人、自高自大、唯我独尊、自以为是。这些特征都来自于他们过高的自我评价和夸大的自尊，渴望持久的关注与赞美，缺乏同情心，有很强的嫉妒心。

自恋型人格的人对自己的基本看法通常是：“我是卓越的，才华出众的，别人比不上我，所以都嫉妒我。”他们认为别人对他们的关注、赞美、关心都是理所应当的，成功、权力等也理所应当是属于他们的。他们缺乏同情心，对人冷漠，没有责任感，做错事总会寻找借口和“替罪羊”。自恋型人格障碍者热衷于与他人比较和竞争，并希望能在竞争中打败他人，证明自己的优越。然而，当他们无法战胜过他人时，就会充满嫉妒与敌意，对竞争对手进行恶意的攻击或陷害。

自恋型人格障碍形成的原因，通常在童年时期受到过多的关注和无原则的赞赏，同时又太少承担责任，太少受到批评与挫折所致。

8. 退缩型人格障碍

退缩型人格又称逃避型人格，始于青年期。其最大特点是对社交感觉不适，害怕负面的评价，害羞、胆小，常常害怕参加社交活动；行为退缩、心理自卑，在社交场合总是缄默无语，害怕遭人笑话，面对挑战多采取回避态度。除了至亲之外，没有好朋友或知心人。除非确信受欢迎，一般不愿卷入他人事务之中。在做那些普通的但不在自己常规之中的事时，总是夸大潜在的困难、危险或可能的冒险。在处理某个一般性问题时，他们也往往表现得瞻前顾后、左思右想，常常是等到下定决心时，却又错过了解决问题的时机。在日常生活中，他们多安分守己，从不做那些冒险的事情，除了按部就班地工作、生活和学习外，很少去参加社交活动，因为他们觉得自己的精力不足。

退缩型人格形成的主要原因是自卑心理。

9. 依赖型人格

依赖型人格的人对亲近与归属有过分的渴求，这种渴求是强迫的、盲目的、非理性的，与真实的感情无关。他们为了能时刻得到他人对自己的温情宁肯放弃自己的个人趣味、人生观。这种处世方式使得他越来越懒惰、脆弱，缺乏自主性和创造性。因处处委曲求全，会产生越来越多的压抑感，这种压抑感会阻止其为自己做点什么或有什么个人爱好。

依赖型人格障碍的人平时没什么事，但一遇到重大的挫折或刺激，会比常人容易引发妄想症，甚至产生精神分裂症等其他心理障碍。

四、人格问题的调适

与其他群体一样，职业技术院校的学生群体中也会出现各种各样的人格障碍者，只不过人数大大少于心理不适者与心理困惑者。人格障碍自我矫正的主要方法有：

1. 情绪调整法

人格障碍者多半有情绪障碍。例如，表演型人格障碍的情绪表达太过分，同学和老师均无法接受。采用此法首先要做到的便是向你的同学做一番调查，听听他们对你的看法。对大家提出的看法，你应扪心自问一下，上述情绪表现哪些是有意识的，哪些是无意识的；哪些是别人喜欢的，哪些是别人讨厌的。对别人讨厌的坚决予以改进，对别人喜欢的则在表现强度上力求适中。将无意识的表现写下来，放在醒目处，不时地自我提醒。此外，可请你的同桌、舍友在关键时刻提醒一下，或在事后对自己的表现做出评价，然后从中体会自己情绪表达的过火之处。这样坚持下去，你的情绪表达就会越来越得体和自然了。

2. 人格培养法

通过老师言传身教，同学互帮互学，加强对自己行为的控制能力、批判能力及人际交往能力的训练，培养自己的责任感、义务感、羞耻感，树立正确的人生观、价值观和道德观，积极参与健康有益的校园文化活动，丰富校园阅历和生活经验，注意征求老师和同学对自己的看法和意见，及时纠正和约束不良行为，促进人格的健全和成熟。

3. 反向观念法

人格障碍者大多伴随有认识歪曲现象，反向观念法是改造错误认识的一种有效方法。反向观念是指自己主动与自己原有的不良自我观念唱反调，原来是以自我为中心，现在则应逐渐放弃自我中心，学习设身处地为他人着想；原来爱走极端，现在则学习多方位思考问题。

4. 音乐疗法

科学研究表明：音乐可以通过神经系统调节大脑皮层，促使人体分泌一些有益于健康的生化物质，起到调节血流量与兴奋神经细胞的作用。欣赏音乐可以消除人在紧张状态下所引起的不良身心反应，陶冶人的情操，完善人的性格和情感。除了音乐之外，还可以通过唱歌抒发自己的情感，从而调节情绪，改善人格。

5. 行为禁止法

对于人格障碍者的许多不良行为，可以采取对自己行为限制或禁止的办法，然后用理性观念加以分析。

但是，由于人格障碍者缺乏自知力，甚至本人认识不到自己的人格缺陷，因此不像其他心理疾病的患者那样迫切求医；又由于人格障碍一般形成于童年或少年时期，并且具有人格障碍的人，其内心体验背离生活实际，所以矫治比较困难。目前在我国主要的对策是实行“综合治理”，即通过家庭、社会、学校的共同努力，尤其是使本人有所认识，积极配合，并不懈地努力改造。同时配合心理治疗，如认知疗法、行为疗法、集体疗法等均有一定的作用。对于人格障碍的预防，首先要提倡正确的家庭养育方式，创造和睦温馨的家庭环境；同时应重点培养独生子女的独立性，矫正不良的行为习惯，学会爱别人，促进人格健康发展。职业技术院校的学生心理发展正处在由不成熟向成熟的过渡阶段，心理机能容易失衡。对有人格障碍的学生应给予心理咨询和心理治疗，提高他们的社会适应性以及对困难、挫折的认知水平和心理应对能力，使他们能以积极的态度面对人生，以适应学校及将来的生活。

第三节　健全人格的培养

健全人格，是指能保持自我心理和谐，具有自我安定感，能以社会认可的形式适应外部环境并自我表现与创造的心理状态。我国心理学家黄希庭提出健全人格者的特征是：健全人格的人能以正面的眼光看待他人，有良好的人际关系和团队精神；以正面的态度看待自己，能自知、自尊、自我悦纳；以正面的态度看待现在和未来，追求现实而高尚的生活目标；以正面的态度对待顺境和逆境，能调控情绪，心境良好。总之，拥有健全人格的人能以辩证的态度对待世界、他人和自己以及过去、现在和未来、顺境和逆境，是一个自立、自信、自尊、自强，幸福的进取者。也有学者认为具有健康人格的人，其最显著的特点是，他们能够有意识地控制自己的生活，掌握自己的命运；他们正视自己，正视过去，面对现实，注重未来，渴望迎接生活的挑战，在实践中充分发挥自己的潜能，并实现自己的价值。从具体特征上讲，健康人格应具有以下标准：

1. 和谐的人际关系；

2. 良好的社会适应能力；

3. 正确的自我意识；

4. 乐观向上的生活态度；

5. 良好的情绪调控能力；

6. 能够发挥自己的潜能。

那么职业技术院校的学生该如何培养健全的人格呢？正如前面所述，人格的形成是以一定的遗传素质为自然前提的，但环境因素和自我努力在人格的形成和完善中起决定性作用。职业技术院校学生的自我意识正趋于成熟，因此，自我塑造将是其培养健全人格的主要途径。

1. 了解自己人格类型的特点

人格的培养和塑造，其最终目的是改正缺点，吸收优点，不断完善自我。因此，应清楚地了解自己的人格，并采用扬长避短的原则，发扬自身良好品质之长，面对自己人格中的缺点或不足则要努力克服，逐步形成健全的人格。

2. 学会自我教育

健全人格自我塑造的一个很重要途径就是学会自我教育，因为自我教育是其他教育和环境影响的内化和深化，是人格形成中由被动变为主动的过程。其主要内容和方法包括以下几个方面：

（1）学会内省

在自我教育的过程中，要学会自我反省，即经常地反省自己的思想和言行。孔子曾讲过：“见贤思齐；见不贤，而内自省也。”意思是说，看到一些好的行为或好的榜样，就要马上学习，塑造同样好的性格；看到不好的行为或事情，要反省自己是否有同样的缺点和不足。在自我反省的过程中，首先要学会客观地、全面地认识自己

和评价自己，既不要自我膨胀，也不要自我贬低；既要善于发现自己的长处，也要敢于承认自己的短处。

（2）培养自我调节能力

自我调节是指通过主动按照自己的实际情况与社会的要求，对自己的思想、道德、学习及行为提出具体的奋斗目标，并对自己的活动进行有意识、有目的的调控。自我调节体现了自觉性、自信心和主体意识，它能激发人的内在潜能，充分调动其主观能动性，使其自身的成长与社会要求相适应，从而获得最佳的成长环境。在自我调节的具体过程中，应从自己的实际情况出发，在学习、活动和性格发展等实践方面，不断学会自己教育自己，自己管理自己，从而增强自我调控能力。

学习自我调节，还要对环境的影响保持自己相对的独立性。不论对人对事情都应该有自己的主见，按照自己的信念去行动，而不是随大流，别人怎么看，我也怎么看，别人怎么做，我也跟着去做。特别应该提出的是，在当前社会变迁、价值多元化、各种思潮的涌现以及各种生活方式竞相呈现在人们面前的时代，职业技术院校的学生应接受环境中积极的影响，经受住各种不良的诱惑，提高自己抗拒不良诱惑的能力，只有如此，才能使自己的观念、价值观等不受干扰，使自己的个性健康发展。

（3）保持良好的心境

在自我教育中，要学会保持自己良好的心境。在日常的学习生活中，应主动培养健康的生活情趣，合理调节自己的情绪，保持积极、乐观的心境。一般而言，一个人偶尔心情不好，不至于影响其性格。但若经常生气、发脾气，为一点小事也大动肝火，那就容易形成暴躁易怒、神经过敏、冲动、沮丧的性格特征。因此，要乐观地对待生活，培养幽默感。即使是遇到困难和挫折时，也要从积极的一面去思考问题。即使身处逆境，也不要埋怨生不逢时，不要怪罪别人没有照顾自己，而应学会正视现实，敢于面对挑战，采取积极、进取的态度去适应环境。

3. 锻炼意志，增强应对挫折的承受力

意志在人格特征中占有非常重要的地位，坚强或软弱的人格特征主要是以意志的发展水平为标志的，因而培养坚强的意志是人格塑造的重要内容和途径。不仅如此，意志的锻炼还能直接促进其他人格特征的培养。人格塑造将是一个长期而艰苦的过程，意志力的强弱对人格塑造起着重要作用。加强挫折教育、增强挫折承受力，对健全人格的培养有着重要的意义。

4. 培养良好的习惯

健全的人格体现在良好的行为方式中，心理学研究也证明，良好习惯的形成有助于改变人格的内在品质和建构良好的习惯。培养良好的习惯，一要确定合理的目标榜样模式，二要从小事做起，锲而不舍。

5. 扩大社会交往，建立良好的人际关系

人格发展、塑造的过程是人社会化的过程，是个人与他人、集体、社会相互作用的过程。人格的培养具有开放性和互动性的特点，在与外界交往及参与外界的活动中才能完成。通过集体活动，个人的人格品质得到展现，并在集体的帮助下，发展积极的人格品质，改善不良的人格品质。一个开朗热情、为人诚恳、尊重他人、富于同情心的学生，大多能很好地适应各种社会交往，能较快地融入集体，比较容易得到群体和他人的接纳。相反，具有自私自利、不尊重他人、猜疑、报复、固执等不良性格倾向的人，会使他人在与之交往中产生不安全、紧张、不信任等不良反应。

6. 在社会实践及业余活动中培养健全的人格

社会是个大舞台，一个人只有通过社会生活的锻炼才能把握好自己的角色，形成自己独特的个性和品格。职业技术院校的学生可以通过内容丰富、形式多样的实践活动，培养自己自信果敢、富于创造性的人格特征。积极参与丰富多彩的业余活动，培养自己的高尚情操。

【知识链接】

生活在现在

格式塔疗法是由美国精神病学专家弗雷德里克·珀尔斯博士创立的。根据珀尔斯最简明的解释说，对自己所作所为的觉察、体会和醒悟，是一种自我修身养性的疗法。它的实施简便易行，应用范围非常广泛，其基本原理为：

1. 生活在现在。不要老是惦念明天的事，也不要总是懊悔昨天发生的事，把你的精神集中在今天要干什么上。

2. 生活在这里。对于远方发生的事，我们无能为力。杞人忧天对于解决问题毫无帮助。所以记住，你现在就生活在此处此地，而不是遥远的其他地方。

3. 停止猜想，面向实际。很多心理上的障碍，往往是没有实际根据的“想当然”造成的。

4. 接受不愉快的情感。人们通常都希望有愉快的情感，而不愿意接受忧郁的、悲哀的、不愉快的情感。愉快和不愉快是相对而言的，同时也是可以相互转换的。因此，正确的态度是：既要有接受愉快情绪，也要有接受不愉快情绪的思想准备。

5. 对自己负责。人们往往逃避责任。比如，考试成绩不好，会把失败原因归咎为自己的家庭环境不好、学校不好等，把自己的过错、失败都推到客观原因上。格式塔疗法的这项重要原则，就是要求自己承担责任。

【心理技能训练】

1. 活动目的：完成对自我的剖析，了解自己的真实状况。

2. 活动说明：

（1）时间：20 分钟。

（2）材料：A4 白纸。

3. 实施程序：

认真思考并在纸上记录下你的答案。

（1）假设你的生命只有三天了，而这三天你只能做三件事，你最想完成的是什么？

（2）请回答：你最容易忘记的事是什么？你最怕发生的事是什么？你最不敢想的事是什么？你最不希望别人知道的事是什么？

4. 注意事项

选择安静、安全的环境，与自己的内心对话，忠实于你脑海中的第一个答案并记录下来，全部完成后再次回顾自己的答案，并觉察此刻的内心体验。

【心理小测试】

（一）气质测验

下面 60 题可大致确定人的气质类型。请认真阅读下列各题，对于每一题，若与自己的情况“非常符合”记 2 分，“比较符合”记 1 分，“一般”记 0 分，“比较不符合”记 –1 分，“完全不符合”记 –2 分。

1. 做事力求稳妥，一般不做无把握的事。

2. 遇到可气的事就怒不可遏，想把心里话全说出来才痛快。

3. 宁可一个人干事，也不愿与很多人在一起。

4. 到一个新环境很快就能适应。

5. 厌恶那些强烈的刺激，如尖叫、噪音、危险镜头等。

6. 和人争吵时，总是先发制人，喜欢挑衅。

7. 喜欢安静的环境。

8. 善于和人交往。

9. 羡慕那种善于克制自己情感的人。

10. 生活有规律，很少违反作息制度。

11. 在多数情况下情绪是乐观的。

12. 碰到陌生人觉得很拘束。

13. 遇到令人气愤的事，能很好地自我克制。

14. 做事总是有旺盛的精力。

15. 遇到问题总是举棋不定、优柔寡断。

16. 在人群中从不觉得过分拘束。

17. 情绪高昂时，觉得干什么都有趣；情绪低落时，又觉得什么都没有意思。

18. 当注意力集中于一事物时，别的事很难使自己分心。

19. 理解问题总比别人快。

20. 碰到危险情景，常有一种极度恐怖感。

21. 对学习、工作怀有很高的热情。

22. 能够长时间地做枯燥、单调的工作。

23. 符合兴趣的事情，干起来劲头十足，否则就不想干。

24. 一点小事就能引起情绪波动。

25. 讨厌做那种需要耐心、细心的工作。

26. 与人交往不卑不亢。

27. 喜欢参加热烈的活动。

28. 爱看感情细腻、描写人物内心活动的文艺作品。

29. 工作学习时间长了，常感到厌倦。

30. 不喜欢长时间谈论一个问题，愿意实际动手干。

31. 宁愿侃侃而谈，不愿窃窃私语。

32. 别人总是说我闷闷不乐。

33. 理解问题常比别人慢些。

34. 疲倦时只要短暂的休息就能精神抖擞，重新投入工作。

35. 心里有话宁愿自己想，不愿说出来。

36. 认准一个目标就希望尽快实现，不达目的誓不罢休。

37. 学习、工作一段时间后，常比别人容易疲倦。

38. 做事有些莽撞，常常不考虑后果。

39. 老师或他人讲授新知识、新技术时，总希望他讲得慢些，多重复几遍。

40. 能够很快地忘记那些不愉快的事情。

41. 做作业或完成一项工作总比别人花时间多。

42. 喜欢运动量大的剧烈体育运动，或者参加各种文艺活动。

43. 不能很快地把注意力从一件事情转移到另一件事上去。

44. 接受一个任务后，就希望把它迅速解决。

45. 认为墨守成规总要比冒风险强些。

46. 能够同时注意几件事情。

47. 当我烦闷的时候，别人很难使我高兴起来。

48. 爱看情节跌宕起伏、激动人心的小说。

49. 对工作抱有认真严谨、始终一贯的态度。

50. 和周围人的关系总是相处不好。

51. 喜欢复习学过的知识，重复做已经掌握的工作。

52. 希望做变化大、花样多的工作。

53. 对小时候会背的诗歌，似乎比别人记得清楚。

54. 别人说我“出语伤人”，可我并不觉得这样。

55. 在体育活动中，常因反应慢而落后。

56. 反应敏捷，头脑机智。

57. 喜欢有条理而不甚麻烦的工作。

58. 兴奋的事常使我失眠。

59. 老师讲的新概念常常听不懂，但是弄懂了之后就很难忘记。

60. 假如工作枯燥无味，马上就会情绪低落。

确定气质类型的方法

每种类型包括的题目：

（1）胆汁质，包括 2、6、9、14、17、21、27、31、36、38、42、48、50、54、58 题。

（2）多血质，包括 4、8、11、16、19、23、25、29、34、40、44、46、52、56、60 题。

（3）黏液质，包括 1、7、10、13、18、22、26、30、33、39、43、45、49、55、57 题。

（4）抑郁质，包括 3、5、12、15、20、24、28、32、35、37、41、47、51、53、59 题。

[记分与解释]

把每项的分值相加即为该项的得分。

（1）如果某种气质得分明显高出其他三种（均高出 4 分以上），则可确定自己为该种气质。

（2）如果两种气质得分接近（差异小于 3 分），而又明显高于其他两种（高出 4 分以上），则可确定自己为两种气质的混合型。

（3）如果某一项或两项以上得分超过 20 分，则为典型的该气质。如胆汁质超过 20，则为典型胆汁质；黏液质和抑郁质项得分都超过 20 分，则为典型黏液质—抑郁质混合型。

（4）如果某一项或两项以上得分在 20 分以下、10 分以上，其他各项得分较低，则为该项一般气质，如一般多血质或一般胆汁质—多血质混合型。

（5）如果三种气质均高于第四种，而且接近，则为三种气质的混合型。由此可以归纳为 13 种类型：胆汁质、多血质、黏液质、抑郁质、胆汁质—多血质、多血质—黏液质、黏液质—抑郁质、抑郁质—胆汁质、胆汁质—多血质—黏液质、多血质—黏液质—抑郁质、黏液质—抑郁质—胆汁质、胆汁质—多血质—抑郁质、胆汁质—多血质—黏液质—抑郁质。

（二）内外向性格测验

内向、外向是性格划分中最简单也是日常生活中使用最广泛的一种，它主要是基于人的心理活动是倾向于内部还是外部而划分的，前者被认为是内向的，后者则被认为是外向的。请用“是”（记“√”）、“否”（记“×”）或“不置可否”（记“?”）来回答下列60题，最后把答案填入内外向性格测验答案中。

1. 在大庭广众面前不好意思。（　　）
2. 对人一见如故。（　　）
3. 愿意一个人独处。（　　）
4. 好表现自己。（　　）
5. 与陌生人打交道难。（　　）
6. 开会时喜欢坐在被人注意的地方。（　　）
7. 遇到不愉快的事，能克制感情，不露声色。（　　）
8. 在众人面前能爽快地回答问题。（　　）
9. 不喜欢社交活动。（　　）
10. 愿意经常和朋友在一起。（　　）
11. 自己的想法不轻易告诉别人。（　　）
12. 只要认为是好东西就立即购买。（　　）
13. 爱刨根问底。（　　）
14. 容易接受别人的意见。（　　）
15. 凡事很有主见。（　　）
16. 喜欢高谈阔论。（　　）
17. 会议休息时宁愿一个人独坐也不愿同别人聊天。（　　）
18. 决定问题爽快。（　　）
19. 遇到难题非弄懂不可。（　　）
20. 常常未等别人把话说完，就觉得自己已经很懂了。（　　）
21. 不善于和人辩论。（　　）
22. 遇到挫折不易丧气。（　　）
23. 时常因为自己的无能而沮丧。（　　）
24. 碰到高兴的事，时常喜形于色。（　　）
25. 常常对自己面临的选择犹豫不决。（　　）
26. 不大注意别人的事。（　　）
27. 好把自己同别人比较。（　　）

28. 好憧憬未来。 ( )
29. 容易羡慕别人的成绩。 ( )
30. 相信自己不比别人差。 ( )
31. 在意别人对自己的看法。 ( )
32. 不大注意外表。 ( )
33. 发现异常情况，容易想入非非。 ( )
34. 即使有亏心事也会很快忘得干干净净。 ( )
35. 常把家里收拾得很干净。 ( )
36. 自己放的东西常常不知在哪里。 ( )
37. 做事很细心。 ( )
38. 对于别人的请求乐于帮助。 ( )
39. 十分注意自己的信用。 ( )
40. 热情来得快，消退得也快。 ( )
41. 信奉“不干则已，干则必成”。 ( )
42. 做事情更注意速度而不是质量。 ( )
43. 一本书可以反复看好几遍。 ( )
44. 不习惯长时间读书。 ( )
45. 办事大多有计划。 ( )
46. 兴趣广泛而多变。 ( )
47. 学习时不易受外界干扰。 ( )
48. 开会时喜欢同人交头接耳。 ( )
49. 作业大都干净、整洁。 ( )
50. 答应别人的事情经常忘记。 ( )
51. 一旦对人有看法不易改变。 ( )
52. 容易和人交朋友。 ( )
53. 不喜欢体育运动。 ( )
54. 对电视节目中的球赛尤其感兴趣。 ( )
55. 买东西前总要估量一番。 ( )
56. 不惧怕从来没有做过的事情。 ( )
57. 遇到不愉快的事情，会生气很长时间。 ( )

58. 自己做错了事，容易承认和改正。（　　）

59. 常常担心自己会遭遇失败。（　　）

60. 容易原谅别人。（　　）

［记分与解释］

凡题号为单数的，选“√”记0分，选“?”记1分，选“×”记2分；凡题号为双数的，选“√”记2分，选“?”记1分，选“×”记0分。

内外向性格测验答卷

题号	1	3	5	7	9	11	13	15
答案								
得分								
题号	17	19	21	23	25	27	29	合计
答案								
得分								
题号	2	4	6	8	10	12	14	16
答案								
得分								
题号	18	20	22	24	26	28	30	合计
答案								
得分								
题号	31	33	35	37	39	41	43	45
答案								
得分								
题号	47	49	51	53	55	57	59	合计
答案								
得分								
题号	32	34	36	38	40	42	44	46
答案								
得分								
题号	48	50	52	54	56	58	60	合计
答案								
得分								

把所有得分相加，即为总得分，总分含义如下：

90 以上为典型外向；

81 ~ 90 为较外向；

71 ~ 80 为稍外向；

61 ~ 70 为混合型（略偏外向）；

51 ~ 60 为混合型（略偏内向）；

41 ~ 50 为稍内向；

31 ~ 40 为较内向；

30 以下为典型内向。

【小小思考角】

不同的人格特质带给我们不同的生活体验和心理感受，榜样学习可以帮助我们改变人格中不太满意的方面，意志力的培养可以调适我们人格中不合理的部分。通过这个章节的学习，你是否了解了自己的内在特性，你是喜欢勇往直前的面对生活，还是习惯于跟从他人的引导？你是惯常于循规蹈矩的生活方式，还是以追求内在心理的满足为生活目标？给自己画一个人格特质分析图吧，尝试更多地了解你自己。

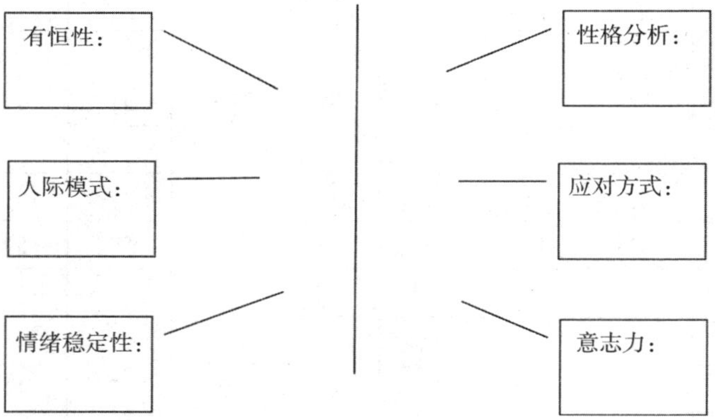

第六章　学习力的提升

【案例导读】

案例一

小林原是个聪明的男生，中学时在班里学习成绩还不错，因种种原因高考失利后选择了一家职业技术学院。第一学年他的整体表现较好，但到第二学年专业课开得多了，小林觉得要记的东西实在太多，越来越觉得对学习没有兴趣，上课听不进老师所讲的内容，结果有几门功课在期末亮起了红灯。小林的厌学情绪越来越重，开始还有些不好意思，后来干脆放弃，作业都是要等老师催上好几遍，才勉强找来同学的抄上应付一下。眼看自己的学习生活就要结束，面临实习的他忽然发现自己什么都没学好，什么都没学会，用人单位能录取他吗？自己的现状又如何向家长交代？

案例二

小伟是某职业院校一年级的学生，身体状况良好，没有智力方面的缺陷与障碍，就是讨厌读书。平时上课的时候，不是思想开小差，就是与别的同学讲话，或故意出点动静干扰其他同学的听课。问他为什么要这样做，他说觉得学习太辛苦了，一点意思也没有，学习也没用，考试还那么多，不如趁着还没工作先玩一玩。平时的作业他从来没有认真、及时地完成过，要么拖延，要么干脆不做。

【讨论】

1. 小林和小伟的学习表现在你周围是否可以找到类似的影子?

2. 你有未来 5 年、10 年的人生规划吗?

【本章要点】

▶了解职业技术院校学生学习活动的特点

▶理解并学习调适常见的学习心理问题

▶掌握健康学习心理的培养方法

学习是学生在校期间的主要任务，面对新世纪的技术竞争和对人才的高素质要求，职业技术院校的学生只有通过学习才能适应学校和社会生活。但有一些同学在进入职业技术院校后，或抱着未来已成定局，学不学习没多大影响的心理；或没有掌握正确的学习方式和方法，从而产生厌学、自卑、自信心下降等一系列心理问题，有的甚至导致心理障碍和心理疾病。因此，了解职业技术院校的学习特点，学会调适学习中遇到的心理冲突，学会学习，培养良好的学习心理是职业技术院校学生学会学习的重要一步。

第一节　学习概述

一、学习的心理学定义

在心理学中，学习是指有机体在生活过程中，凭借经验而产生的行为或行为潜能的一种比较持久的变化。学习是一种行为但不是本能，需要后天习得。

二、职业技术院校学生学习活动的特点

职业技术院校作为一种特定的教育方式，有别于一般的中学教学，主要有以下几方面的特点：

1. 学习内容专业性强

因职业技术院校的学制较短，要在 2～3 年的时间里完成所有的学习任

务，这期间还包括大量的专业课及实训课的学习，学生必须能较快地进入到实用性较强的专业领域，而学生对本专业的感兴趣程度将直接影响学习效果和学习效率。

2. 学习过程对自觉性要求高

职业技术院校不存在升学压力，但对学生在学习过程中的自主性要求要高于原来的中学时期，学生必须充分发挥主观能动性，合理安排自己的学习，选择适合自己的最佳的学习方法，以在有限的时间里获得较高的学习效益。

3. 学习的实用性高

职业技术院校的专业课程设置与实训教学有着密切的联系，学生不仅要有较强的理论知识，还要有足够强的动手能力，才能应对将来的实习、分配，这也在一定程度上决定了职业技术院校的学生们学习的特殊性。

鉴于职业技术院校学习活动特点的特殊性，为了学会学习，学生们应该充分了解自身所处学校和专业的特点和规律，自觉关注学习中的心理问题，学会学习，提高学习效率。

第二节　职业技术院校学生的学习心理

职业技术院校的学生在学习中存在很多学业方面的问题，如果对这种现实不能正确地接受和对待，采取逃避的态度，就会引发心理问题。常见的学习问题主要有学习动机缺乏、学习疲劳和学习焦虑等。

一、学习动机缺乏

学习动机缺乏是指在学习上没有内在的驱动力，没有明确的学习目标和方向；缺乏求知欲，不想学习，厌倦学习，甚而逃避学习；无成就感，无抱负和理想。

1. 主要表现：

(1) 逃避学习。在课堂上不愿上课；在课外全然抛开学习，把主要精力投在上网聊天、玩游戏等活动上；没有抱负，对自己的未来没有期望，不求上进，采取

“混日子”的态度。

（2）学习焦虑水平过低。缺乏学习的自尊心、自信心，学习不好也无所谓，不觉得丢面子，没有羞耻感，在学习上缺少必要的压力而懒于学习。

（3）学习容易分心。注意力涣散，兴趣容易转移，易受各种内外因素的干扰，而不能专注于学习。

此外，学习动机欠缺还表现为对学习有厌倦情绪，不会积极主动地寻找合适的学习方法和策略等。

2. 学习动机缺乏的原因

造成学习动机不足的原因有很多，主要包括以下几个方面：

（1）内部的原因

①学习目的不明确。有的学生在入学后根本没有把自己的学习与个人的未来、社会的发展等联系到一起，缺少责任感，自我意识不成熟，缺少奋发向上努力学习的原动机，没有意志和毅力，注重自己现时的自私的享受和愉悦，缺乏未来意识；对待学习基本上采取一种放任的态度

②对所学专业缺乏兴趣，尤其是对专业课的学习不适应。兴趣是最好的老师，学习者一旦有了兴趣，就会产生一种定向关注力和孜孜以求、不断进取的积极的学习态度。但很多学生在选择专业时有盲从现象，跟风选择热门专业，却对所选专业缺乏必要的了解。入学后面对专业课及实训课时，才发现自己当初选择了错误的专业，造成入学后学习兴趣不高，动机不足，甚至厌学，但是对自己感兴趣的事情和科目往往学得很好。

③缺乏毅力，意志不坚强。有些学生认为学习是件很苦的事情，自己进入职业技术院校，就等于一只脚踏入了用人单位的大门，学习好坏不会对今后有太大的影响，因此当面临学习困难时往往选择退缩，不能维持对学习的持续努力。

（2）外部的原因

①很多学生易受外部环境的影响。如结交了贪玩的朋友、学习和考试中投机取巧的同学，迷恋网络游戏等。

②家长对孩子不恰当的期望和教育。如有的家长自认为能够为孩子找到一份理想的工作，平时不注意对孩子的要求和教育等。

3. 克服学习动机缺乏的方法

针对引发学生学习动机缺乏的原因，除了社会应创造良好的育人环境外，学校也要加强学风建设和提高纪律监督力度，及时改进专业和课程设置，提高教学质量，改善管理，尊重学生自主选择的权利。作为职业技术院校学生个体则应做到：

（1）端正学习态度，增强学习的自觉性和主动性。

要认识到学习不只是为了自己，要有学习的责任感和历史使命感，才能激发出不竭的学习动力，克服学习道路上的种种困难。学习中要不断为自己设立恰当的学习目标，要符合自身实际，既不能过高，也不能过低，过高达不到容易灰心，过低不费力就能够实现，起不到自我激励的作用。另外还要善于根据情况的变化来适当调整目标。

（2）培养专业学习兴趣和感情。

兴趣是一种内在的驱动力，能促使自己积极主动地去学习，是影响学习活动效率的一个重要心理因素。北宋哲学家张载认为，“人若志趣不远，心不在焉，虽学无成。”学生只有对学习产生浓厚的兴趣，才能自觉地、主动地去学习，也才能知难而进。兴趣也是可以培养的，职业技术院校的学生应在学习的过程中，有意识地培养和引导自己对专业学习的兴趣，增进对专业的感情。

（3）锻炼自己的意志，扬长避短。

良好的意志品质是职业技术院校学生学习以及未来事业成功的保证。很多学生一直习惯于父母的督促和老师的严格管理，一旦离开这些管理环境，进入要求以自主学习为主导的职业技术院校，往往感觉无所适从，所以要加强自己的自控和约束，锻炼自己的意志。可以通过树立自我效仿的学习榜样，通过学习将良好的意志品质内化成自己的思想、作风和意志品质。并养成自我检查、自我激励的习惯，可以通过写日记、写计划等把自己的意志表现记下来，以扬长避短。

（4）培养对知识的正确观念，认识到知识的重要性。

从人的一生来讲，职业技术院校阶段的专业学习还属于基础知识。但这种基础知识却非常重要，因为它关乎自己将来开展工作的基础问题。即使毕业后自己不从事本专业工作，这些知识也会在以后工作、生活的不同时期、不同方面发挥作用。

二、学习疲劳

学习疲劳是指学习效率逐渐降低并伴有渴望停止学习活动的生理和心理现象。其表现主要有学习错误增多，学习效率下降，动机行为改变，生理失去平衡等等。

学习疲劳可分为生理疲劳和心理疲劳两种。生理疲劳是由于长时间从事学习活动，身体和大脑得不到休息造成的。心理疲劳是由于长时间从事心智活动，大脑皮层兴奋区域逐步提高，消耗过程超过恢复过程，脑细胞处于抑制的状态。其表现为注意力涣散、思维反应迟钝、情绪烦躁、易怒、学习能力和效率下降。

学习疲劳是一种保护性反应，经过适当的休息调节即可恢复，对身心不会造成什么影响，这是合乎生理心理规律的。但如果长期处于疲劳状态，就会导致大脑兴奋和抑制过程的失调，严重的还会导致神经衰弱。

造成疲劳的原因主要有：学习过于紧张；学习时间过长；学习内容难度过大或单调无味；缺乏学习兴趣；睡眠不足等。

长时间的学习疲劳会给身心带来损害，所以要对其加以注意和防治。具体可以通过科学用脑、劳逸结合、保证睡眠、培养学习兴趣和创设良好的学习环境来有效地抵御学习疲劳。

三、学习焦虑

学习焦虑是指学生在学习上不能达到预期的目标或不能克服学习困难，致使自尊心、自信心受挫，产生失败感、内疚感而形成的一种紧张不安、带有恐惧的情绪状态。可以把焦虑分为三种水平：低、中、高度焦虑。有研究发现，维持适度的焦虑水平可以增强学习活动的效果，但若焦虑过度则会对学习活动产生不利影响，中等水平的焦虑学习成绩最好。高焦虑只有同高能力相结合才能促进学习；高焦虑与一般能力或低能力相结合则会抑制学习效果。

过高的学习焦虑不仅影响学习水平的正常发挥，还会影响心理健康，因此职业技术院校的学生应学会克服学习焦虑对自身的不良影响。可以通过自我调节控制焦虑的程度，平时要多与同学和老师交流，努力营造一个班级、宿舍同学间关系和谐和轻松愉快的学习气氛。正常的情感交流、同学之间互助友爱的关系，都有助于心理趋于平衡，形成程度正常的焦虑。同时要学会正确认识和评价自己的能力，确立符合自身实际的学习目标，增强自信和毅力，保持情绪的稳定。

四、厌学与懒散

1. 厌学与懒散的表现

厌学是一种典型的心理疲倦反应。主要表现为学习被动依赖，课前不认真预习，课上不认真听讲，课后不及时复习；情绪消极，对学习生活感到无聊，觉得学习没什么意义，学习时无精打采；学习行为不良，作业拖拖拉拉，敷衍了事，经常上课迟到，甚至逃课。伴随而来的是学习效率降低，考试成绩不佳。

懒散是一种怕苦、怕累的心理现象。这类学生思想上懒惰，怕动脑筋，懒于思考，宁愿接受“填鸭式”的知识灌输，不愿发表自己的观点或参与讨论；学习上不肯用功，不求上进，得过且过，推崇“60 分万岁”；行为上散漫，迟到、拖沓，上课看小说、玩手机、睡觉现象多，只图一时安逸，缺乏远大理想和抱负。

2. 厌学与懒散的产生原因

有相当一部分的职业技术院校的学生因学习动力不足，没有足够的学习压力与学习毅力，学习中得过且过，从而产生厌学和懒散现象。

3. 克服厌学与懒散的方法

无论是厌学还是懒散，都会让学业处于停滞甚至倒退的状态，最终影响学生个体的学习心境及以后的工作态度，所以，应避免厌学情绪和懒散行为的产生：

（1）明确学习目标，保证适当的学习动力。职业技术学院的学生应明确自己的学习目标，树立好“终身学习”的信心与决心，并能有足够的学习动力支持自身，以激发面对学习困难的毅力。

（2）设计合理的学习计划，并定期检查和评估完成计划的程度。为使自己能不断地处于学习的过程中而不产生厌倦心理和懒散行为，职业技术院校的学生应学会设计并实施合理的学习计划，用合理的计划做标杆，时刻审查并调整自己的学习行为，以减少懒散行为的产生。

五、注意力不集中

注意力是心理活动对一定对象的反应，具有指向性、选择性和集中性。注意的指向性是指心理活动有选择地反映一定的对象，而离开其余的对象。注意的集中性是心理活动停留在被选择对象上的强度或紧张度，它使心理活动离开一切无关的事物，抑制多余的活动。注意是人类学习的前提，有些学生经常出现一堂课中注意力要分散多次的现象，而且再聚集注意力的能力也较弱。

1. 注意力不集中的主要表现

上课不能专心听讲，眼盯着黑板却心猿意马，自己不能控制思维且易受环境的干扰。

2. 注意力不集中的主要原因

职业技术院校学生注意力不集中的主要原因在于学习动机不强，缺乏学习兴趣，没有明确的学习目标，缺少压力与紧迫感；平时学习没有计划，随意性过大等原因。也有少数学生因经历家庭或个人情感经历的重大变化而导致注意力不能集中。

3. 克服注意力不集中的方法

（1）适当强化学习动机，制定明确的学习目标和学习计划。

（2）提高对自己注意力的自信。

（3）培养良好的学习和生活习惯，保持旺盛的精力。

（4）选择理想的学习环境，适当减少与学习无关的活动。

（5）善于排除内心和外界干扰。

（6）节奏分明地处理学习与休息的关系。

（7）学会注意力转移，遇到生活应激事件与挫折，能够尽快从中解脱出来。

六、学习自卑

自卑是一种自我轻视的心理，在学习上的表现就是学习自卑。学习自卑的心理在职业技术院校的学生中较普遍，有的学生因为过去学习中屡次失败的经验导致一谈学习就垂头丧气，还没开始学就觉得自己不行，存在习得性无助心理，学习自我效能感差。有的学生总觉得自己选择的学校比不上其他普通高校，不愿面对原来的同学，从而导致学习中的自卑情绪更为严重。学习自卑将严重影响学生的学习效率，还可引起学习挫折，学习挫折反过来又导致学习自卑，自卑又引起更大的挫折，从而引发恶性循环，影响学生的健康学习心理。

1. 学习自卑的表现

（1）认为自己在智力和能力上不如别人。有些学生自己明明知道老师课堂上问题的答案，却不敢举手回答；课堂讨论从不敢积极发言；十分在意别人对自己的评价，感情脆弱，情绪容易波动。

（2）学习困难，学习效率低。别人很快能学会的东西，自己费很大的劲也不能掌握；由于自卑的心理，尽管平时也用功，很多知识也基本掌握，但是，每当考试时总容易发生考试焦虑，影响了成绩发挥；总觉得时间不够用，学习效率又很低，最终各门成绩都不理想。

2. 学习自卑的产生原因

（1）文化基础差导致学习困难。职业技术院校的学生中有很大一部分存在着基础水平较差的现象，这在一定范围内制约了学习能力。

（2）不良的学习经历、学习挫折和失败导致自信心缺乏。职业技术院校的学生中有很多人在中学阶段有学习或考试失败的经历，这是使他们的自信心和成就感严重挫败的主要因素。多次失败的体验往往导致学习自卑。

（3）学习方法不当导致学业受挫。与中学阶段的学习完全不同，职业技术院校阶段的学习是在老师引导启发下进行的，学习的自主性和独立性非常强，必须懂得自己管理时间。但不少学生因习惯于中学时代的学习方法，严重依赖于教师的关注程度，不懂得自己管理时间，导致学习成绩波动、下降，从而产生学业受挫、焦虑紧张等挫折体验。

3. 克服学习自卑的方法

（1）正确对待困难和挫折，并正确认识和评价自己的能力。面对困难和挫折，不惊慌失措，正确评价自己的实际能力，冷静分析，寻找对策。每战胜一次困难就多一份信心，长此以往就能逐步消除自卑心理。

（2）虚心请教他人，不断改进学习方法。每个人都有自己独到的学习方法，要学会虚心向他人请教，总结好的学习方法，并不断应用到自己的学习中去，总有一种方法是适合自己的，方法对了，效率和效果自然也就提高了。

第三节　培养职业技术院校学生健康的学习心理

大量研究证明，学生是否具备恰当的学习动机，相应的学习策略和有效的学习方法，将直接影响其学习效率，是造成学生学习差异的重要原因。现在很多职业技术院校都有这样一部分学生缺乏明确的学习目的，学习态度不端正，甚至厌学，考试作弊也有一部分学生不能掌握正确的学习策略，虽学得很辛苦，却得不到满意的学习效果，进而产生自卑心理，影响其心理健康程度。基于上述情况，学习中健康心理的培养成为每一个学生必修的课题。

一、激发学习动机

激发学生学习动机的基本要素是需要和诱因。人的需要是多方面的，因而要激发学生学习的动机，除了来自教师的作用外，就是利用一定的诱因，促使学生自身学习动机的形成、维持或强化。

1. 设立合理的目标并积极反馈

人的所有行为都是为了实现某一特定的目标。因此，目标作为一种诱因，能够引发人们的动机，激励人们的行为。而目标激励的关键在于目标的设置是否合理。目标的合理性，一般应从其价值性、挑战性和可能性三个方面来考虑。目标的价值性越大，经过切实努力才能达到的，激励作用就越大。

反馈对于激发学习动机也具有重要意义。最有效的方法是来自外界的表扬与批评，但这并不是随时可得的。要学会自我激励，用自己特定目标的实现激励自己继续学习下去。

2. 竞赛与合作

心理学研究证明，竞赛是激发学生学习动机的有效手段。除了积极参与各种学习竞赛之外，还要学会为自己找一个榜样，将榜样作为自己努力的方向，也就有了前进的动力。在某些情况下，特别是完成复杂作业、解决困难课题或者在团体竞赛中，和同学们一起学习、合作探讨、互相启发，这样也能起到极好的促进作用。

二、讲究学习策略，优化学习方法

有效的学习应是学习者主动积极地使用各种不同的策略来存储和提取信息，努力使学习环境适用自己的需要。学习策略是指学习者在学习过程中用于提高学习效率的任何活动，是有目的、有意识地制定的复杂方案，能够促进信息的获得和利用。形成学习策略是学生学会学习的前提。

1. 选择合理的学习策略，倡导合作式学习

对于学生来说，在教师的指导下形成和积累一些成功的学习经验，是十分重要的。这是因为，这些成功的学习经验对学生后续学习的帮助作用很大，后续的学习效率将比先前的学习效率要高得多。显然，没有成功的学习经验的帮助，后续学习是难以进行下去的。学习策略不是学习方法与学习信息监控与反馈的简单堆砌，而是其相互联系、相互作用而形成的系统。因此，不同的学生、不同的学科、不同的学习阶段，应有不同的学习策略。

合作式学习的目的在于通过合作促进学习，通过合作学会学习，通过合作促进能力。合作学习对职业技术院校学生的成长有重要作用：合作学习强

调了学习过程中的“互动合作”，有利于使参与学习的人们学会互爱，并且对于培养学生的合作精神和交际能力也有帮助。

2. 善于运用学习方法，提高学习效率

学习方法是以获得大量知识与技能为目的的组织学习活动的方式或方法，选择学习方法是学习能力的一个重要体现。有调查表明，学习者对学习方法的看法是有差别的，不同的学习观念影响着学习方法的选择和应用，从而产生不同的学习效率。学习者应根据有关学习的生理学和心理学研究所阐明的种种事实，努力探讨有效的学习方法。这些方法主要包括阅读方法、记忆方法、听课方法、制订学习计划的方法、应试方法、引起学习动机的方法、有效利用时间的方法等。充分利用这些方法，可帮助学习者进入有效而协调的学习状态。这里推荐几种常用的学习方法：

（1）整体与部分学习

整体学习法是把学习的内容当作一个整体来学，先求得一个概括、全面的了解，把握它们之间的相互联系，是从整体到部分，以大带小的学习方法；部分学习法是把学习内容分成几个相互联系的部分，通过学习部分去认识整体，通过学习部分来改造、完善认知结构的学习方法。

这两种方法各有利弊。整体法使人较易把握学习材料全貌，但对具体的材料内容可能掌握不牢固；而部分法则能使学习者较好地掌握每一个具体的部分，但却难以对材料形成一个总体印象，从而使具体学习的各部分内容不能很好地融会贯通起来，因此，二者要结合起来使用才能达到好的效果。

（2）集中与分散学习

集中学习法指较长时间地进行学习活动，学习的次数相对少一些。一般来讲，比较复杂难懂的材料，用集中法较为合适，这样可以保证学习者在一定的时间内集中注意力，有利于理解并掌握那些抽象难懂的材料，但集中学习的时间不宜过长，否则容易引起学习疲劳，使学习效率低下。分散学习法与集中学习法不同，它是将学习时间分为几个阶段，每学习一段时间就稍事休息。实验证明，假如分散学习的时间不是太短，这种方法是较为有效的。至于每次分散学习的时间多久为宜，也要视学习材料的性质及个人的具体情况而定。

（3）迁移学习

迁移即一种学习对另一种学习的影响，它广泛地存在于知识、技能、态度和行为规范的学习中。任何一种学习都要受到学习者已有知识经验、技能、态度等的影响，只要有学习，就会有迁移。迁移是学习的继续和巩固，又是提高和深化学习的条件，学习与迁移不可分割。

为了获得迁移学习的成功，学生在平时的学习中要注意掌握最基本的知识，这样可以形成基本知识对一些具体知识与应用的正迁移。另外，还要注意对新学习材料与原有知识进行“近”和“远”的安排，即新学习的材料应先尽可能接近原来的知识，然后逐步扩展范围，深化内涵。

三、提高个体社会支持度

研究认为，社会支持对新生学习适应具有积极的促进作用，社会支持可以改善压力对学习适应的负面影响，为新生提供满足、愉悦的积极情感，并能较好地预测学习成绩。一般来讲，较高程度的社会支持对学习适应具有普遍的增益作用，职业技术院校的学生面对的是不同于中学时代的学习环境与学习方式，生活状况也发生了很大的变化，这都给他们带来了不同程度的压力与挫折感，从而影响其生活与学习的适应性。良好的社会支持可以给予个体更多的关怀与帮助，减少压力对其带来的不良影响；同时，较高的社会支持还可以为学生提供情感安慰，帮助提供解决问题的有效策略，从而提高学生的学习能力。

总之，学会学习是现代学习的一种新观点，对职业技术院校的学生更是如此。所谓学会，不仅仅指学习者要善于选择学习内容、学习途径和学习方式，也指学习者要使自身的学习活动符合自己的个性，并能及时反馈和进行自我调控。对职业技术院校的学生来说，学会学习其实质性含义就是在掌握科学的学习策略的基础上，形成学习的自主性、自觉性，并能以积极健康的心态面对任何时候的学习任务及应对可能会有的学习困难。

【心理技能训练】

分享成功的学习策略

1. 活动目的：

提高学生的学习能力，学会交流和分享学习成功的经验，不断提高自己的学习成效。

2. 活动说明：

（1）时间：30 分钟。

（2）材料：A4 白纸。

3. 实施程序：

（1）指导者介绍活动规则，根据规定每个人写一个自己在学习中成功的故事或提出自己学习中的困惑，小组讨论推荐优秀的故事全班分享。

（2）各组选派一个或两个同学在全班同学面前讲述他们在学习中的成功故事。

（3）组织讨论，谈谈看法及解决方案。①有些同学对学习漫不经心，对考试随便应付。②有些同学平时不学，临近考试突击作战。③有些同学在学习上花了很多时间，很努力，但看不到学习的成效。④成功的同学在学习上的成功最主要的原因是什么？⑤提升学习能力的方法和技巧有哪些？……

（4）指导者总结。肯定分享同学的成功故事，集思广益来帮助部分存在学习困惑的同学，鼓励同学们树立求助意识，善于学习别人成功的经验和方法。

【心理小测试】

（一）学习动力自我诊断测试

本套测试题主要是了解学生在学习动机、学习兴趣、学习目标的制定上是否存在行为困扰。该问卷共 20 个题目，测验时请在与自己情况相符的题前填“Y”，不相符合的题前填“N”。

1. 如果别人不督促你，你极少主动地学习。
2. 当你读书时，需要很长的时间才能提起精神。
3. 你一读书就觉得疲劳与厌烦，直想睡觉。
4. 除了老师指定的书目外，你不想再多看书。
5. 如有不懂的，你根本不想设法弄懂它。
6. 你常以为自己不用花太多的时间学习，成绩也会超过别人。
7. 你迫切希望自己不用花太多的时间学习，成绩也会超过别人。
8. 你常为短时间内成绩没能提高而烦恼不已。
9. 为了及时完成某项作业，你愿意废寝忘食、通宵达旦。
10. 为了把功课学好，你放弃了许多你感兴趣的活动，如体育锻炼、看电影与郊游等。

11. 你觉得读书没意思，想去找个工作。

12. 你常认为课本上的基础知识没啥好学的，只有看高深的理论、读大部头作品才带劲。

13. 只在你喜欢的科目上狠下工夫，而对不喜欢的科目放任自流。

14. 你花在课外读物上的时间比花在教科书上的时间要多得多。

15. 你把自己的时间平均分配在各科上。

16. 你给自己定下的学习目标，多数因做不到而不得不放弃。

17. 你很少确定稍加努力就能实现你的学习目标。

18. 你总是同时为实现几个学习目标忙得焦头烂额。

19. 为了对付每天的学习任务，已经感到力不从心。

20. 为了实现一个大目标，你不再给自己制定循序渐进的小目标。

［计分与解释］

上述20个题目可分成4组，它们分别测查学生在学习动机上4个方面的困扰程度：

1～5题测查学习动机是不是太弱；

6～10题测查学习动机是不是太强；

11～15题测查学习兴趣上是否存在困扰；

16～20题测查学习目标上是否存在困扰。

假如被试者对某组（每组5题）中的大多数题目持认同的态度，则一般说明他们在相应的学习欲望上存在一些不够正确的认识，或存在一定程度的困扰。

所有题目中，填“Y”记1分，填“N”记0分，将各题得分相加，算出总分。

0～5分：说明学习动机上有少许问题，必要时可调整。

6～10分：说明学习动机上有一定的问题和困扰，可视情况加以调整。

14～20分：说明学习动机上有严重的问题和困扰，必须加以调整。

（二）时间管理自我诊断量表

请你根据日常学习与生活中对待时间的方式与态度，在A、B、C三个选项中选择最适合你的一种答案。

1. 星期天，早晨醒来时发现外面正在下雨，而且天气阴沉，你会怎么办？

A. 接着再睡　　B. 仍在床上逗留　　C. 按照生活规律，穿衣起床

2. 吃完早饭，上课之前，你还有一段自由时间，怎样利用？

A. 无所事事，不知不觉就过去了

B. 准备学点什么，但不知道学什么好

C. 按预订好的学习计划进行，充分利用

3. 除每天上课外，对所学的各门课程，在课余时间里怎样安排？

A. 没有任何学习计划，随心所欲

B. 按照自己最大的能力来安排复习、作业、预习，并紧张地学习

C. 按照当天所学的课程和明天要学的内容制订计划，严格有序地学习

4. 每天晚上怎样安排第二天的学习时间？

A. 不考虑　　B. 心中和口头做些安排　　C. 书面写出

5. 为自己拟定了“每日学习计划表”，并严格执行。

A. 很少如此　　B. 有时如此　　C. 经常如此

6. 每天的作息时间表有一定的灵活性，以便留出一定时间去应付预料不到的事情。

A. 很少如此　　B. 有时如此　　C. 经常如此

7. 当你学习忙得不可开交，而又感到有点力不从心时，你会怎样处理？

A. 开始泄气，认为自己笨，自暴自弃

B. 有干劲和用不完的精力，但又感到时间太少，仍拼命学习

C. 每天花时间分析检查自己的学习时间分配得是否合理，找出合理安排学习时间的方法，在有限时间里提高学习效率

8. 在学习时，常常被人打断，你怎么办？

A. 听之任之　　B. 抱怨，毫无办法　　C. 采取措施防止外界干扰

9. 学习效率不高时，你怎么办？

A. 强打精神，坚持学习

B. 休息一下，活动活动，轻松一下，以便再战

C. 把学习暂停下来，转换一下兴奋中心，待效率最佳的时刻到来，再高效率学习

10. 阅读课外书籍，怎样进行？

A. 无明确目的，见什么看什么，并常读出声来

B. 能一边阅读一边选择

C. 目的明确，快速阅读，加强阅读能力

11. 你喜欢什么样的生活？

A. 按部就班，平静如水

B. 急急忙忙，精神紧张

C. 轻松愉快，节奏明快

12. 你的手表或书房的闹钟经常处于什么状态？

A. 常常慢　　B. 比较准确　　C. 比标准时间快一点

13. 你的书桌井然有序吗？

A. 很少如此　　B. 偶尔如此　　C. 常常如此

14. 你经常反省自己处理时间的方法吗？

A. 很少如此　　B. 偶尔如此　　C. 常常如此

[计分与解释]

选择 A 得 1 分，选择 B 得 2 分，选择 C 得 3 分。将各题的得分加起来，然后根据下面的评析判断出自己的时间管理能力和水平。

35～42 分，有很强的时间管理能力。在时间管理上，你是一个成功者，不仅时间观念强，而且还能有目的、有计划、合理有效地安排学习和生活时间，对时间的利用率高，学习效果良好。

25～34 分，善于对时间进行自我管理，时间管理能力较强，有较强的时间观念，但是，在时间的安排和使用方法上还有待进一步提高。

15～24 分，时间自我管理能力一般，在时间的安排和使用上缺乏目的性，计划性也较差，时间观念较淡薄。

14 分以下，不善于对时间进行管理，时间观念淡薄，不能合理地安排和支配学习、生活时间，需要好好地训练，逐渐掌握时间管理的技巧。

【小小思考角】

通过对自我学习力的分析，你是否发现自己在学习方法与策略上存在着什么不足？想一想，什么是自己做得对的，哪些方面可以做得更好，自己设定的计划是不是适合自己，又是否在按照自己的计划来实施……然后将你当前的任务项好好分析一下，画出你自己的目标完成顺序表吧。

当你能够在学习方面游刃有余时，那么你将有更充足的时间、更合理的心态去关心自己的其他方面，比如人际交往的这个课题，你是否已经准备好去开启这一篇章的学习了呢？

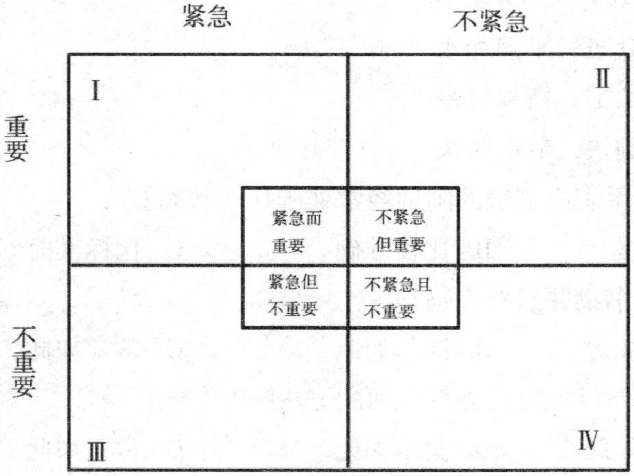

第七章　人际和谐度

【案例导读】

案例一

小丽从小学习就非常认真，因为家人一直教育她，只有学习将来才能做有用的人，所以她一直在学习上很要强。为了不让自己的学习受影响，小丽几乎放弃了所有集体活动，也根本没时间与同学们一起玩耍。日子久了，她给同学留下了高傲、除了学习什么都不会的印象，对这些小丽都没有在意。直到有一天，她因为看书忘记轮到自己打扫宿舍了，宿舍长和另外一名同学帮她打扫后，问她为什么不做值日，小丽坦白地说自己忘记了。可旁边一位同学说她是故意的，只顾自己学习，不管集体事务。小丽很生气，与那位同学争吵了起来，同学们虽然在旁边劝慰她们，可小丽明显感觉到，同学们并不认可她。小丽突然发现，也许除了学习书本上的知识，还有什么其他的应该学习的东西。

案例二

小晶与小兰是一对无话不说的好朋友，两个人形影不离，衣服也经常混着穿，同学们都羡慕她们的友谊。但最近两人的关系却冷淡起来，原因是有一天小晶要给家里回个电话，而小兰当时正好被老师叫到办公室里去了，没有手机的小晶想也没想就拿了小兰放在抽屉洞里的手机用。从办公室回来的小兰看到这情景后很生气，怪小晶不经她同意就用她手机。小晶心里很难过，认为两个人平时那么好的关系，用她一次手机又能怎么样？

【讨论】

1. 小丽和小晶的表现有什么不恰当的地方吗?

2. 你一般怎样维系与他人之间和谐的相处关系?

【本章要点】

▶了解人际交往及其影响因素

▶理解并克服影响人际交往的常见心理障碍

▶掌握人际交往的原则和技巧

▶了解职场人际交往的策略

心理学家指出，人类的心理适应，最主要的就在于对人际关系的适应。良好的人际关系能使人获得安全感和归属感，给人精神上的愉悦和满足，促进心理健康；不良的人际关系则会使人感到压抑和紧张，承受孤独和寂寞，身心健康就会受到损害。职业技术院校是人际关系走向社会化的一个重要转折时间，如何处理好这些关系，是每一个学生必须思考的重要问题。

第一节　人际交往概述

一、人际关系的重要类型

1. 师生关系

教师与学生是校园里的两大基本群体。教师是学生人际交往的重要对象，师生关系是学生人际关系的重要内容。师生关系如何，直接影响到学生在学校的学习与成长。

教师是知识的传授者，是学生人格模仿的对象。与教师的交往也是他们获取知识的重要途径，教师与学生的平等交往是师生共同成长的前提。师生之间心理距离小，心理相容度高，教师对学生充满爱护与关爱，学生对教师尊敬与敬仰，师生关系是一种纯洁又无私的人际关系。

2. 同学关系

同学关系是学生人际交往的基本关系。职业技术院校校园里的同学关系总的来说是和谐友好的，同学之间的关系有亲情化、家庭化的趋势，即在日常生活、学习中创造一种如同亲人一般和谐稳固的同学关系。

同学间的交往是最普遍也是最微妙、最复杂的。一方面，大家年龄相仿、兴趣爱好相近，又共同生活在一个集体里，容易沟通与交往；另一方面，由于同学们来自不同地域、不同家庭背景，生活习惯、个性气质存在差异，再加上职业技术院校的学生对人际交往的期望较高，一旦得不到满足，容易采取消极退避的态度。

3. 亲子关系

来到职业技术院校，大部分学生离开了家乡，与父母的物理距离变远，但是亲子关系是永远都不能被隔断的关系，也是学生时期最为亲密的关系。距离的改变使得他们不得不重新思考如何处理好与父母的关系。

二、人际交往的作用

人是社会的人，很难想象一个人在社会上离开了与其他人的交往，生活将会怎样。因此，若想在社会上健康地生存，必须要进行不同程度的人际交往。

1. 人际交往能帮助个体正确认识自我，完善自我

认识自我的途径有两种：自我观察和通过他人了解自己。周围的人对我们的态度和评价能帮助我们更好地认识自己、了解自己。唐太宗与其宰相魏征的关系就很好地诠释了他人评价对帮助个体认识自我的好处。任何人都希望别人喜欢自己，认同自己，大多数人都会排斥与自己意见相左的人，但无疑别人客观的评价更有利于完善自己。

2. 人际交往帮助个体认识社会，促进社会化进程

一个人自出生后就开始接受社会的影响，开始了社会化的过程。社会化就是由自然人到社会人的转变过程。人必须经过社会化才能使外在的社会规范、准则内化

为自己的行为标准，这是社会交往的基础。社会化是人类特有的行为，是只有在人类社会中才能实现的，狼孩就是没有经过社会化的结果。我们只能靠通过与他人相互作用进行学习，使自己成为社会的人和完全的人。个体只有在不断与人交往中，才会树立符合社会要求的人生观、价值观。

3. 人际交往加速信息沟通，促进个体成长成才

在知识更新如此迅速的今天，与人交往是获取信息最直接最快速的途径。孔子曰："独学而无友，则孤陋而寡闻。"校园里最快速的信息沟通的方式是个体和团体沟通。职业技术院校的学生应把握好集体活动的机会，积极参与集体沟通，广交朋友，增长见识。另外，一个人的智慧和能力是有限的，很难用一个人的力量去完成宏大的事业，当今社会倡导的是团结、合作，必须学会运用团队的力量去成就自己和他人。

4. 人际交往满足人的心理需要，维护个体心理健康

马斯洛曾提出，人有一系列复杂的需要，按其优先次序可以排成梯式的层次，依次为：生理、安全、社交、尊重、自我实现。其中社交需要是人类的第三层次需要，指能满足个体与他人交往的一切需要，包括对友谊、爱情以及隶属关系的需要。当生理需要和安全需要得到满足后，社交需要就会突显出来，进而产生激励作用。社会需要如果得不到满足，就会使人产生消极情绪。有的学生就是由于人际关系不和谐导致沮丧、情绪低落，进一步导致无法投入学习，有的甚至会惧怕人际交往，产生自闭心理。因此，只有处理好各种人际关系，才能保持积极愉快的情绪，以便更好地投入学习生活。

第二节　影响人际交往的常见因素

一、空间

空间的距离越小，双方就越接近，则往往容易引为自己的知己，在交往的早期阶段更是如此。空间上的接近使双方相互接触的机会更多，相互之间更容易熟悉对方，所以，越是邻近的个体越容易发展较亲密的人际关系。

二、相似性

个性特质相似的个体更容易相互吸引，双方越相似则越能相互吸引，产生亲密感。个性特质包括年龄、性别、社会背景、兴趣爱好等，在这些方面拥有相同或相似类别的个体，在相处过程中能有更多的话题和交往时间，从而提高人际交往的质量。

三、互补性

当自己的需要与对方的期望正好为互补关系时，就会产生较为强烈的吸引力。这在性格方面表现得尤为突出，比如性情急躁的个体往往喜欢与性情温和的个体相处，从而使双方的关系更加协调。

四、个体能力表现

个体在某些方面有较强的能力表现时，往往会产生吸引力，使他人对其产生欣赏力，并愿意与之接近。

五、仪容外表

长相、仪态、处事风格等也会成为影响人们相互吸引的要素，尤其是在第一次见面时，仪容外表起着重要作用。但随着社会交往的不断深入，仪容外表因素的作用就会逐渐减少。

当然，在人际交往过程中，外向、开朗、热情的个性也是影响人际交往的一个重要因素，会加快人际和谐，增强人际吸引力。

第三节　人际交往的原则与技巧

【知识导读】

英国著名戏剧家萧伯纳应邀到俄国访问。有一天他漫步在莫斯科街头，遇到一个可爱的小姑娘，一时兴起，便高兴地与她玩起游戏来。分手时，萧伯纳得意地对小女孩说道：“回去告诉你妈妈，今天同你玩耍的是世界上鼎鼎大名的萧伯纳。”谁知小女孩望了萧伯纳一眼，学着大人的口气，骄傲地说：

"你也回去告诉你妈妈，今天跟你玩的是小女孩安妮。"这个回答使萧伯纳大吃一惊，立刻意识到自己的傲慢。事后，他感慨万分地对朋友说："一个人不论有多大的成就，对任何人都应该平等相待，常常保持谦虚的态度。这个小女孩给我的教训，我一辈子也忘不了啊！"

俄国大作家屠格涅夫有一天走在街上，一个年迈体弱的乞丐向他伸出颤抖的双手。大作家找遍所有的衣袋，分文没有，他感到惶恐不安，只好上前握住乞丐那双脏手，深情地说道："对不起，兄弟，我什么也没有，兄弟！"哪知，大作家这一声声"兄弟"，却超过了钱币的作用，立刻使老乞丐为之动容，泪眼盈盈地说："哪儿的话，这已经很感谢了，这也是恩惠啊！"

人际关系状况是一个人心理健康水平的体现，人际交往能力是一个人能否有效适应社会的标志。良好的人际交往和沟通能力不是与生俱来的，它需要在社会交往实践中学习、锻炼和提高。要想在现代社会生活中有所作为，个体就应努力培养自己的交往能力，掌握交往的主动权。只有遵循了正确的交往原则，才能建立起和谐的人际关系，才能在交往中掌握和创造更好的人际交往的艺术。

一、交往的原则

1. 诚实守信。指在人与人的交往中要真诚相待，要说真话而不能说假话，要遵守诺言，以诚待人，讲究信义，这是人际交往中最有价值、最重要的原则。信用有两层含义：一是言必信，即说真话，不说假话。二是行必果，即说到做到，遵守诺言，实践诺言。"人，无信不立""言而无信非君子"。诚实守信不仅是人际交往的基础和前提，也是人际关系得以延续和深化的保证。它是一种不分时代、不分地域的普遍价值。《韩非子》中说"巧诈不如拙诚"，《圣经》里有"诚信是最好的政策"的说法，它们强调的都是诚信的价值观。

2. 平等原则。尽管由于主客观因素的影响，人与人在气质、性格、能力等方面存在差异，出身、社会地位、事业成就等有所不同，但在人格上都是平等的，这是处世交友的首要原则。

3. 尊重原则。在人际交往中首先要尊重别人，才会获得别人的尊重。不管处于什么地位，人格上都是平等的。如果自己恃才傲物，觉得高人一等，不把别人看在眼里，那么也得不到别人的尊重，甚至因此人心尽失。尊重包括自尊和尊重他人两个方面。自尊就是在各种场合自重自爱，维护自己的人格；尊重他人就是重视他人的人格、习惯与价值，尤其是隐私的尊重。个人隐私是个人感的重要体现，没有个人感就没有个人隐私，没有个人隐私也就无所谓个人了。隐私之所以重要，在于它接纳了每个人私生活的合法性和独立性。在人际交往中，同性或者是异性间，都应相互尊重，保护他人的隐私，不能强迫别人暴露隐私。要懂得，只有尊重他人才能得到他人的尊重。

4. 接纳宽容。在与人相处时，应当严于律己、宽容待人。俗话说，“金无足赤，人无完人”。每个人既有优点，又有缺点。交往中，对别人要有宽容之心，“水至清则无鱼，人至察则无徒”。宽容表现在对非原则问题不斤斤计较，能够以德报怨。在人际交往中难免会遇到一些不愉快的人和事，要学会宽容，学会克制和忍耐。切不可事事斤斤计较、苛求他人、固执己见，要尽量团结那些与自己有分歧见解的人，营造宽松的交际环境。

有位心理学家曾说：“人类要开拓健康之坦途，首先要学会宽容。”宽容别人也可以让自己快乐。宽容的可贵不只在于对同类的认同，更在于对异类的尊重，这也是大家风范的一个标志。当然，宽容也不是没有界限的，因为宽容不是一味地妥协，虽然宽容有时需要妥协；宽容不是一味地忍让，虽然宽容有时需要忍让；宽容不是一味地迁就，虽然宽容有时需要迁就。宽容要有度，对于那些危害他人、危害集体利益的人万不可视而不见、助纣为虐。

【知识链接】

有一对毗邻而居的兄弟，因家庭琐事纠纷而发展到反目成仇的地步，弟弟在两个庄园之间开了一条渠，以示永不往来。一天，哥哥请来一个木匠，他想在两个庄园之间造一个两米高的围栏，以示永不相见，以此来回敬弟弟。但是，当哥哥外出回来时，却惊得目瞪口呆，因为木匠造的并不是什么围栏，而是一座美丽的小桥，小桥穿过小渠连通了两座庄园。这时，弟弟也回来了，见状便从桥那边走过来，抱住哥哥说：“您真伟大！在我做了对不起您的事之后，您还建了一座美丽的桥。”两兄弟重归于好，木匠收拾工具准备走了。“等一下，我这里还有许多活需要你来做。”哥哥对木匠说。木匠回答说：“我倒是愿意留下来，但是还有很多桥等着我去造。”

阿拉伯著名作家阿里，有一次和吉伯、马沙两位朋友去旅行。三人行经一处山谷时，马沙失足滑落，幸而被吉伯拼命拉住。马沙于是在附近的大石头上刻下了："某年某月某日，吉伯救了马沙一命。"三人继续前行，来到一处河边，吉伯与马沙为一件小事吵了起来，吉伯一气之下打了马沙一耳光，马沙跑到沙滩上写下："某年某月某日，吉伯打了马沙一耳光。"他们旅行回家后，阿里好奇地问马沙，为什么吉伯救他的事刻在石块上，而吉伯打他的事写在沙滩上。马沙回答："我永远感激吉伯救我，至于他打我的事，我会随着沙滩上字迹的消失而忘得一干二净。"

5. 互利互惠。

人与人交往的动机在于使社会了解自己、承认自己，同时获得所需要的利益，交往所追求的目的就是维持一种互利关系。互利是指交往双方在满足对方需要的同时，又得到对方的报答，双方的交往关系就能继续发展。如果一方只索取不给予，交往就会中断。互惠互利性越高，交往双方的关系就越稳定和密切；反之，交往双方就越疏远。人际间的互利包括物质和精神两方面。物质互利如"来而无往非礼也"，精神互利如希望精神上得到别人支持和理解、渴望自我表现的舞台。

【知识链接】

那是一个漆黑的夜晚，没有月亮，也没有星星，我因为有急事要去一个住在郊区的同事家，为赶时间便抄近路走入了一条偏僻的小巷。我的心害怕得咚咚直响，真后悔走这条路，可是事已至此，只得硬着头皮往前走。走着走着，突然，我发现前面有一处光亮，似乎是一个人提着一个灯笼在走。我急步赶了上去，正想打招呼，却发现他是一个盲人，一手拿着一根竹竿小心翼翼地探路，一手提着一只灯笼。我纳闷了，忍不住问他："您自己看不见，为什么还要提个灯笼走路?"盲人缓缓地答道："这个问题不止一个人问我了，其实道理很简单，我提灯笼并不是为自己照路，而是让别人容易看到我，不会撞到我，这样就可以保护自己的安全，而且，这么多年来由于我的灯笼为别人带来光亮，为别人引路，人们也常常热情地搀扶我、引领我走过一个又一个沟坎，使我免去许多危险。你看，我这不是既帮助了别人，也帮助了自己吗?"

6. 理解原则

"金玉易得，知己难寻。"所谓知己，即是能够理解和关心自己的人。理解不等于知道和了解。就人际交往而言，你不仅要细心了解他人的处境、心情好恶等，还要根据彼此的情况，主动调整或约束自己的行为，尽量给他人以关心、帮助，多为他人着想，处处体恤别人。“己欲立而立人，己欲达而达人，己所不欲勿施于人。”

7. 适时适度

适度原则主要包括以下内容：

交往的时间要适度。在人的社会性需要中，除了交往、友谊之外，还有工作、学习等内容。应注意分配好自己各方面所花费的时间，防止过于重视交往而投入太多的时间和精力。

交往的程度要适度。有的同学在交往中，关系好时形影不离，不分你我；一朝不和，即互相攻击，老死不相往来。这对双方的心理健康和人际关系都不利。人际交往应该疏密有度，在交往中要保持一定的距离，把握一定的交往程序，发展健康良好的人际关系。

二、交往的技巧

1. 了解人际沟通的类型并善于应用

人际沟通按照渠道可分为非言语沟通和言语沟通两大类。

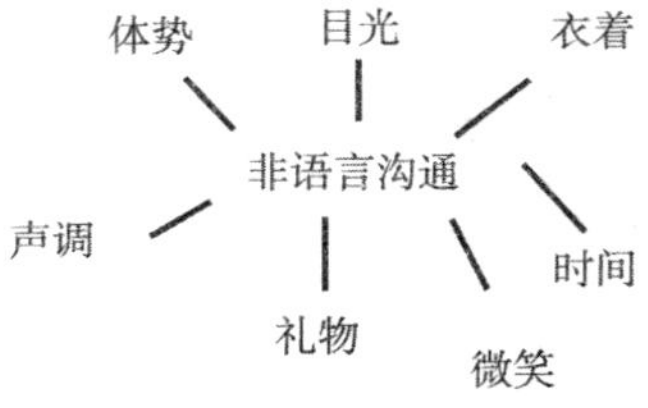

（1）非言语沟通。非语言沟通是通过非语言符号传递的。如点头、微笑、皱眉、抚摸、拥抱、脚摇摆以及其他触摸行为等无声动作，这是人们用来进行非语言沟通的最重要的一类。而身体站、坐、蹲或倚的姿势，人与人之间保持的距离，个人的呼吸，身体的气味等，也是非语言沟通的常见形式。有时候非语言符号是一种比语言符号更具有效果的沟通工具。交谈中的坐姿、手势、握手的方式、面部表情的不同等都包含着丰富的信息，需要我们在沟通时敏锐地感知才能保持良好的沟通。

（2）言语沟通。言语沟通主要是指通过言语来进行人际交流，是人际沟通的重要途径。在进行言语沟通时要注意察觉自己和他人语气、语调、用词等所包含的意思。

言语沟通中要先学会倾听。在人际沟通中，有时听比说更重要，要正确理解他人，必须先听懂对方表达的意思，并不时用言语或非言语的方式给对方简短的回应。专注的倾听能使对方感到自己的重要，能鼓励对方表达自己的想法，促进真诚的沟通，产生良好的沟通效果。

2. 肯定对方

只有在自尊心高度满足的情况下，一个人才会产生最大程度的愉悦，才会对人际交往中对方的态度、观点易于接受。因此，在交往中要注意接纳对方，尊重对方，理解对方，善于从对方的角度去看问题。

3. 保留意见

争论中没有谁一定是赢家，过分争执毫无意义又有失涵养。通常，应不急于表明自己的态度或发表意见，谨慎的沉默就是精明的回避。

4. 微笑

微笑可以留给他人良好的第一印象，有助于结交新朋友；微笑会让自己看起来更自信和有魅力；微笑也能让他人心境愉快；微笑同样也是友善的表达。

第四节　人际交往不良心理及调适

【案例导读】

案例一

某职业学校一年级男生，从小内向、害羞、不敢大声说话，特别怕别人的眼睛与他对视。假如一时成为大家目光焦点的时候，他不仅会面红耳赤，说话也语无伦次，想马上躲开。中学阶段与同学接触较少，课堂上也总是坐在最后一排，几乎不被老师注意，日子过得还算安宁。但现在需要在学校住宿，与同学们接触的时间多了起来，他越来越担心如何与同学交流，课堂上更是躲着老师的目光。他开始时特别怕与女生目光对视，现在连男生也是这样了。可另一方面又因担心别人注意到自己的心理，又情不自禁地用眼睛的余光扫视对方，给对方以很不舒服的感觉，自己也特别痛苦。

案例二

小叶与小李原本是同班好友，学习、班级工作管理上都不相上下。但是在前段时间的学生会竞选中小叶顺利地当选学生会主席，小李却落选了。从此，两人的关系发生了很大转变，小叶想找小李谈一谈，小李要么冷嘲热讽，要么就不理不睬。小叶不知问题出在哪里，但面对小李的态度他心里也很窝火。

良好的人际关系，能够促进学生个体的学习和成长；不良的人际关系，会导致情绪阴霾，影响学习和生活。中学时代的主要目标是学习，人际交往的形式和内容都相对简单。但到了职业技术院校学习阶段，学生个体有更多的时间用于交往，而每个人原有的社会背景存在很大差异，在很多问题上都有自己独特的观点，因此这一阶段的人际交往会相对复杂，需要个体积极与人交往，并学会及时调适心理以免造成不良的人际交往关系。

一、认知偏差与人际交往障碍

人际交往中，对交往对象的认知、态度和情感都会直接影响到交往能否进行以及进行的程度。通俗地讲，人际认知就是对人的认识。人们在交往中彼此的感知、理解、判断往往直接影响被认知对象的印象和喜恶，从而进一步影响人际关系。职业技术院校学生的人际认知是彼此之间人际关系建立的起点。正确的、全面的、科学的人际认知有利于协调发展良好的人际关系；错误的、片面的、歪曲的人际认知阻碍人际关系的建立和协调。在人际认知中，下面几种现象要特别注意克服。

1. 首因效应。首因效应就是在认识人的活动中，最初获得的关于对象的信息，在以后评价对象时起着重要的作用，也就是我们所说的先入为主。第一印象的好坏，往往左右着以后对人的评价。经常会听到有同学在提及与某人的关系时讲，“第一眼看到他就觉得不顺眼”，或者“我们第一次见面就觉得好投缘哦”，这种印象可能会在很长一段时间内，左右别人对他的心理和行为特征的解释。第一印象常会形成一种分析问题、解决问题时的心理倾向性，即所谓思维定式。它对解决同类问题是有利的，对解决不同类问题则起消极作用。而且首因效应往

往是通过别人的外表、相貌等做出的判断，因此带有片面性和表面性，这就影响了对别人的客观评价。但从另一方面也说明首因效应的重要性，职业技术院校的学生也要学会运用首因效应，树立正确的审美观，注意自己的仪表、仪态，给人留下美好的第一印象，为今后的与人交往甚至择业打下良好的基础。同时也要注意当他人的表现与“第一印象”相矛盾时，不轻易采取否定的态度，而把两种矛盾的现象放在一起去分析，从中做出正确的判断。

2. 近因效应。在人际认知活动中，最近的印象对人的特性的评价起重要作用。比如有的同学平时一贯表现得很好，可最近却做了一件错事，或犯了一点错误，就很容易给别的同学留下很深的负面印象；有的学生之间长期交往密切、关系融洽，但往往因为最近发生的一件小事就反目成仇，完全不考虑平时的愉快交往等。这些都是由于近因效应所带来的影响。为了防止这种偏差，需要进行综合分析，要用动态的、历史的、发展的眼光看待他人、看待人际交往。

首因效应和近因效应不是根本对立的，它是一个问题的两个方面。一般说来，在对陌生人的认知中，首因效应比较明显，而对熟悉的或久别重逢的人的认知中，近因效应更为明显。因此，在人际认知过程中，既要注意第一印象，又要注意一贯表现，更要用发展的眼光看人，这样才能比较全面地认识、评价他人。

3. 刻板效应。刻板效应是指社会上对某一类人或事的一种比较固定、概括而笼统的看法。比如，我们一般认为山东人为人豪爽正直、吃苦耐劳，江浙人聪明伶俐、随机应变……主要表现在：与人交往前，不管此人是否具备这一类人的特点，我们自己首先就把这一类人的特点强加给了他。

这是个人认识的一种偏见。现实生活中有很多类似的例子，也确实说明刻板印象会带给人们很多误解，所以在人际交往中要学会通过进一步地了解对方的个人品质和特点来客观真实地评断对方。

4. 晕轮效应。在人际交往中所产生的以点概面、以偏概全的知觉现象。在对陌生人进行认知时，由于其某一点较为突出，这一点就会像月晕一样由月亮的中心向周围扩散、弥漫，从而掩盖了该人的其他特点和品质。

【知识链接】

心理学家凯利做了这样的实验：在心理教学课堂上，把55名学生分为两组，分别向学生介绍一位新聘任的教师：26岁，已婚，是社会学专业研究生，曾经任心理学教师3年，还当过兵，是一个既好学又有教学经验和能力较强的人。这些情况对两个组介绍都一样。另一情况介绍就不一样了。一组介绍说教师为人热情，另一组介绍则是此人冷漠。介绍之后，教师分别组织两个组进行20分钟的同样的教学活动，然后，实验者让学生谈对新聘教师的印象。实验结果是：一组对热情教师评价好，赋予了更多的优点，认为他有同情心、会体贴人、有社会能力、富有幽默感，等等；另一组学生对冷漠老师的印象不好，评价为严厉、专横、无幽默感、无同情心等。也就是两个组的学生根据已获得的信息，由热情而推断出一系列优点，由冷漠而推出与之相关的缺点。

“情人眼里出西施”“爱屋及乌”说的其实就是一种晕轮效应。人际认知中的晕轮效应或称光环效应常表现为：一个人如果被标明是好的，他就被一种积极肯定的光环笼罩，并被赋予更多的好的品质；相反，如果一个人被标定是坏的，他就被评定出更多的坏品质。这就是如某老师认为学生的某方面表现突出，印象深刻，由此认定该学生在其他方面也表现突出，从而产生以点概面现象。要预防和纠正晕轮效应，关键就是自己对自己的心理素质、特点要有个透彻的了解，进而有意识地去防止容易产生晕轮效应的各种可能。

5. 投射效应。投射效应是指在人际交往中，认知者形成对别人的印象时，总是假设他人与自己有相同的倾向，即把自己的特性投射到他人身上。投射效应容易使人对现实中的人际交往感到不满。有些学生反映离开中学后与人交往困难了，觉得自己并没有变，可人际关系却不比从前，内心有很大的失落感。究其原因是这些学生没有认识到职业技术院校与中学时代的人际交往内容不同、形式不同，而且对人际交往的追求往往带有较浓的理想色彩，以友谊的理想模式为标准来衡量生活中的人际关系，导致高期待与高挫折感并存。

二、人际适应不良与人际障碍

人际适应不良会给学生个体带来不同程度的心理问题。人际适应不良主要表现在：

1. 师生关系适应不良。职业技术院校倡导学生是学习的主体，并鼓励学生个体自主地处理学习和生活上的各种事宜，教师只做适当的引导和促进作用。有不少学生不能很好地完成心理适应，单纯地认为自己必须要由教师管理着学习和生活，或觉得自己的自由度高了，无论是哪种情况都会产生不同程度的偏离现象，造成师生之间关系的紧张，影响师生关系的和谐度。

2. 同学关系适应不良。中学时期，同学基本上都是本地区的，各方面的生活和思维习惯差异不大，同学们把大部分精力用于学习，很少花太多精力关注同学间的交流和互动。但到了职业技术院校学习阶段，由于班级和宿舍里的同学分别来自不同的地域和不同的家庭，他们在思想观念、价值标准、生活习惯等方面都存在着明显的差异，在遇到实际问题的时候往往容易发生冲突。

人与人之间只要有接触，就难免因各自的差异而产生冲突，要学会正确地处理这些差异带来的冲突。与人交往最重要的是先做好自己，集体生活中注意尊重他人的生活习惯，对待同学要懂得付出真心，切忌以自我为中心。很多同学产生人际交往冲突都是因为习惯了在家时的以自我为中心，不懂得去关心和体贴他人。与同学相处也是一门大学问，跟同学交流要注意方式、方法。

三、情绪、情感与人际障碍

在人际交往的实践活动中，人们都存在不同程度的恐惧心理，只是每个人的反应程度不同。有一部分学生在这方面反应特别强烈，有的同学是由于家庭条件、自身条件等原因，有不同程度的自卑心理，因此不敢与条件更优越的同学交往，怕别人瞧不起自己。也有的同学由于害羞等心理的作用，在与人交往时特别紧张，不敢正视对方，说话语无伦次，词不达意。尤其在人多的场合或者在集体活动中更感到恐惧，不敢和人打交道，不敢表现自己，严重的可导致社交恐惧症。青春期是社交恐惧发展的关键时期，如果得不到矫正或改善，可能会发展成严重的社交恐惧障碍，并持续影响到成年期的心理健康。

社交恐惧常常来源于早期社交经验缺乏或社交挫折。由于社交经验缺乏，导致社交能力差；由于社交挫折，引起社交中的负面情绪，久而久之就会不自觉地形成一种紧张、不安的心理状态，从而产生恐惧感。社交恐惧按轻重程度可分为社交敏感（又称社交紧张）和社交恐惧症两种。

克服社交紧张心理可以尝试下面的方法：

（1）要认识到社交的重要性。增强社交意识的自觉性，明确认识到学习期间，学习和锻炼社交能力对自身成才发展的重要意义，主动地参与社交活动。

（2）注意调整好自己的心态，树立一些良好的观念：

①悦纳自己、树立自信。要学会正确认识自己、改善自己。改善自己不善于社交的性格因素，增强信心。每个人都有自己的优点，不要因为自己不善言谈就感到自卑，也不要盲目地认为性格内向就交不到真正的朋友。积极地锻炼自己的社交能力，主动和别人交朋友，而非被动等待，总能找到适合自己的朋友。

②避免完美主义情结，不要对自己要求过高。

③不要太在意自己的身体反应。

④多次尝试。不要因一次社交失败就消极地评判自己和他人，认真归纳总结社交失败的原因，从双方找原因。并非人人都不热情，也并非双方谁都不好，更不能说明自己就是个失败的人。

（3）学习人际交往技巧：查看一些关于人际交往和口才技巧方面的杂志和书籍，多学习别人的人际交往的经验，来提高自己的交际能力。

有了以上的这些认识，再找专业的心理老师进行辅导，结合一些心理学原理和方法技巧，把改变付诸行动。

四、自卑、自负与人际障碍

自卑是一种过低的自我评价。有的学生认为自己处处不如别人，怕别人瞧不起自己，不愿与人交往，进而形成因嫉妒与自卑心理造成的人际障碍。自负表现为傲气、清高、居高临下、自高自大。有的同学群体意识淡薄，以自我为中心，对周围的人与事漠不关心。自卑的同学自我封闭、孤芳自赏，但又特别敏感，心理承受力差，缺乏与人交往的愿望和兴趣。自负的同学与人交往时缺乏必要的宽容，甚至会为一些鸡毛蒜皮的小事大打出手。无论自卑还是自负，都将严重影响人际关系。

自卑和自负心理的调适方法：

（1）正确认识自己与他人之间的差距。承认和接纳客观现实，对于那些客观存在的无法改变的现实，同学之间不该拿来比较。如果非要比较的话，就应该比较那些可以通过自己的努力得以改变的事情，比如学习成绩等。

（2）正视自己和他人的优缺点。每个人都有优点和缺点，没有人生来就是完美的。自卑的同学要找出自己的优点和长处，并发扬它。自己的不足和短处可以通过在人际交往中多向他人学习弥补它。而自负的同学应该多看到别人的优点，找出自己的不足。孤芳自赏，只能让自己丧失完善自己的机会。

（3）争取多次锻炼自己的机会。人只有在与他人互动的过程中，才明白自己的哪些想法和作为可取，哪些不可取。因此多争取交往的机会，多结识他人，更有利于我们完善自己。

五、嫉妒心理与人际障碍

嫉妒是在看到他人的卓越之处后产生的羡慕、烦恼和痛苦。嫉妒心理是人类的一种普遍情绪，人人都有，只是程度不同。看到别人做得好，心里有点难受，说明自己还想继续进步，但是看不得别人好，别人好了就心怀怨恨，甚至想对别人搞破坏，这会对人际关系产生不利影响，也会影响自身健康心理的发展。

摆脱嫉妒心理的方法：

(1) 认清嫉妒的危害。嫉妒既打击别人，也伤害、贻误自己。遭到别人嫉妒的人自然是痛苦的，嫉妒别人的人由于整日沉溺于对别人的嫉妒之中，没有充沛的精力去思考如何提高自己，延误了自己的前途，也影响了自己的身心健康，一举多害。认清这些道理是走出嫉妒误区的第一步。

(2) 努力提高自身素养。只是抱怨他人某些方面比自己强是没有用的，真正的强者是通过提升自我来实现自我价值的。当别人某些方面超过自己时，要懂得扬长避短，寻找和开拓有利于充分发挥自己潜能的新领域，这会在一定程度上补偿先前没有满足的愿望，缩小与嫉妒对象的差距。

(3) 克服自私心理。嫉妒是“自我膨胀”的具体表现：怕别人比自己强，对自己不利。因此，要根除嫉妒心理，首先要根除自私心态。

(4) 培养乐观的人生态度，接纳并不完美的自我。

(5) 要学会正确的比较方法。一般来说，嫉妒心理较多地产生于原来水平大致相同，彼此又有许多联系的人之间，特别是看到那些自己认为原先不如自己的人都冒尖了，嫉妒心理便会油然而生。要辩证地看待自己和他人，要善于发现和学习对方的长处，纠正、克服自己的短处；或者尽量不去与别人比，多与自己的过去比。

(6) 克服封闭、狭隘的意识。要学会不断地开阔自己的视野，要胸怀大志，与人为善，如果能做到这一点，就一定会驱散嫉妒的阴霾。

六、猜疑心理与人际交往障碍

猜疑心理就是无客观依据地猜测，无中生有地起疑心，对人对事不放心，怀疑别人会对自己不利。怀有这种心态时，总是从主观想象出发，去分析、看待问题。猜疑是人性的弱点之一，一个人一旦掉进猜疑的陷阱，必定处处神经过敏，事事捕风捉影，对他人失去信任，对自己也同样心生疑窦，损害正常的人际关系，影响个人的身心健康。“疑邻偷斧”的故事讲述的就是猜疑心理。

克服猜疑心理的方法：

（1）用理智克制冲动情绪的发生。当发现自己开始怀疑别人时，冷静思考显然是十分必要的，应当立即寻找产生怀疑的原因，然后对症解决。

（2）学会自我安慰。一个人在生活中，遭到别人的非议和流言、与他人产生误会是正常现象。在一些生活细节上不必斤斤计较，可以糊涂些，这样就可以避免烦恼。如果觉得别人怀疑自己，应当安慰自己不必为别人的闲言碎语所纠缠，不要在意别人的议论。

（3）及时沟通，解除疑惑。最好同自己“怀疑”或“怀疑”自己的对象开诚布公地谈一谈，以便弄清事实真相，解除误会。

第五节　职场人际交往心理技巧

【案例导读】

案例一

小兰入职快满一年了，对于邻桌的小青，她心中充满感激。在初入职场的这段日子里，比她早一年入职的小青给了她很多的关心和帮助，小兰在心里早就将这位贴心的同事当成了自己的姐姐。可是上周小青的一个客户来访，刚好她被领导安排去做其他工作了，小兰觉得有必要帮助小青，就主动并热情地接待了这个客户，由于用心、尽心，客户很满意，反馈给了她的领导。小兰高兴地与小青分享这个消息，满以为自己这次帮助小青的行为能让她高兴，没想到却受到了一通冷嘲热讽，从那天起，小青还开始刻意地与她拉开距离。小兰不明白，为什么自己心怀感激地回报小青，她却感觉不到自己的好意呢？

案例二

小磊已经是第五次被组长责骂了，原因都差不多，好像每次组长给自己交代工作时，自己总是不能完整地理解组长的意思。其实小磊每次都告诫自己要认真听，可是每次总有差错出现，同组的小刚提醒他，没听明白可以再问一遍组长啊，小磊却觉得自己再去问，组长会觉得自己很笨。小刚说再这样下去，组长可能要把他辞退了，小磊惶恐万分，到底要怎样与组长正确、合理地沟通呢?

在职场，需要与人合作、交流，更需要精通各种人际关系。人际关系处理得好，许多事可以事半功倍。很多毕业生在面对社会上繁杂的人际关系时，常常显得不适应，甚至手足无措。因交往受挫而灰心丧气、失去理智、畏缩不前者大有人在，甚至轻生者也时有所闻。所以说，学习职场人际心理，把握相应技巧，妥善处理好职场上的人际关系，是每一个个体从学生阶段到职场顺利过渡的基础和前提。

一、把握恰当的人际界限

人际界限不清最典型的表现就是把别人的事当成自己的事，过分热心，过度卷入和干涉，没有恰当的人际边界，最终会影响双方正常的交往。有些人，与别人混熟了就丢掉了分寸感，进入了彼此不分的境界，但这样却有可能让友情走向反面。每个个体都有自己工作和生活的舒适区域，不希望被他人过分干涉与打扰。即便随着关系的亲密，这个舒适区域会发生变化，也要根据双方的意愿来确定这个界限的大小，不能以自己的感受去决定两个人的关系界限，以免给关系带来不良影响。

二、说清楚，听仔细，及时反馈

交往中，语言表达要清楚、准确和简练，把握交谈的技巧，善于吸引和抓住对方。当然不要只顾着自己表达，还要学会聆听，做一个好的听众。人们欢迎一个善于倾听的人，远远胜于欢迎一个专爱诉说自己意见的人。职场人际交往非常重要的一个要素就是要将听到的内容及时复述一遍，并将自己的理解反馈给讲话方，这样的复述与反馈可以让双方加深沟通的有效性，防止信息出现偏差。

三、恰当处理分歧

人际交往中难免会产生矛盾和分歧，用争辩的方法，你不可能得到满意的效果；而双方各退一步，能够做到大事化小，小事化了。当遇到意见有分歧时先别着急，冷静下来，看看原因在哪里。如果分歧不大，可以求大同存小异；如果分歧较大，也应该彼此尊重，并寻找合适的方法达成双方意见的接近。

四、选择最佳的人际交往模式

美国著名心理学家爱利克·伯奈提出了人际交往的四种模式：

1. 我不好，你好；我不行，你行。人在生命的初始是依赖于周围的人而生存的，与周围的成人相比，儿童常常感到自己的无能，因而从小就有自卑感，潜意识中形成了“我不行，你行”的心理模式。人的成长过程也就是逐渐克服这种心态的过程。有的同学由于在个体社会化过程中，尚未完全摆脱儿时的这种心理行为模式，因而在人际交往中常常表现出不同程度的自卑和恐慌，最为极端的表现是社交恐惧症。

2. 我不好，你也不好；我不行，你也不行。不喜欢自己也不喜欢别人，既看不起自己也看不起别人，既不会去爱他人也不能体验和接受他人。

3. 我好，你不好；我行，你不行。常常表现为充满优越感，骄傲自大，自以为是，总以为自己是对的，别人是错的，自己对别人好而别人对自己不好，并为此感到愤愤不平，把人际交往失败的原因都归咎于他人。

以上三种交往模式都会阻碍人际交往，且不利于心理健康。

4. 我好，你也好；我行，你也行。这种模式才是成熟、健康的人际交往模式。具有这种心态的人相信自己也相信他人，爱自己也爱他人。这种人不是十全十美的人，却能客观地悦纳自己和他人，正视现实，并努力去改变自己能改变的事物，善于发现自己、别人和外部世界的光明面，从而使自己保持一种积极、乐观、进取、和谐的精神状态。

【知识链接】

心理学家提出的几种培养人格魅力的方法值得我们参考：

1. 在任何场合中，谨记以礼待人，举止温雅。

2. 性格开朗，和蔼可亲，特别是应该具有接受批评的雅量和自嘲的勇气。

微笑胜过千言万语，在交际中千万不要吝啬你的微笑

闲暇聊天话题不要太沉重，不要说让对方伤心的事情

3. 对别人显示浓厚的兴趣和关心，大多数人都喜欢谈自己，因此在交际时应该懂得如何引发对方表露

自己。

4. 与人交往时，经常和他们的目光相接触，使对方产生知己之感。

5. 博览群书，言之有物。

6. 慷慨大度。

【心灵故事】

天堂和地狱里的长勺

有一个人想知道天堂和地狱究竟有什么区别，于是他找到上帝，请求他带自己去看看。上帝欣然答应了。他们首先来到地狱，看到的是这样一幅景象：一群饥饿不堪的人们正拿着一根长勺拼命往自己嘴巴里送东西，但是那根长勺实在太长了，比他们自己的手臂还要长，所以他们无法弯曲自己的手臂把食物送进自己的嘴里，有些人的手臂甚至弯曲得变形了，但还是没有吃到任何食物。他们又来到了天堂，那个人被自己眼前所看到的惊呆了：天堂里的人们也是拿着一根同样长的长勺，但是他们每个人都吃到了食物，这是为什么呢？因为他们每个人都把舀到的食物送给坐在对面的那个人吃，每个人都这样做，所以每个人都吃到了食物。

【心理技能训练】

信任之旅

活动目的：通过助人与受助的体验，增加对他人的信任与接纳。

实施程序：

团体成员两人一组，一位做盲人，一位做帮助盲人的人。“盲人”蒙上眼睛，原地转三圈，暂时失去方向感，然后在帮助人的搀扶之下，沿着指导者选定的路线，绕室内外活动。期间不能讲话，只能用手势、动作帮助“盲人”体验各种感觉。活动结束后两人坐下交流当“盲人”与帮助别人的感觉，并在团体内交流。然后互换角色再来一遍，然后互相交流。

讨论：

1. 对于“盲人”：你看不见后是什么感觉？使你想起什么？你对你的伙伴的帮助是否满意，为什么？你对自己或他人有什么新发现？

2. 对于助人者：你怎样理解你的伙伴？你是怎样想方设法帮助他的？这使你想起什么？

【心理小测试】

人际关系综合诊断量表

指导语：本量表共 28 个问题，每个问题只需回答“是”（打√）或“否”（打×），是记1分，否记0分。请你认真完成。然后参看后面的记分方法，对测验结果做出解释。

1. 关于自己的烦恼有苦难言。

2. 和陌生人见面时感觉不自然。

3. 过分羡慕和妒忌别人。

4. 与异性交往太少。

5. 对连续不断的会谈感到困难。

6. 在社交场合感到紧张。

7. 时常伤害别人。

8. 与异性交往感觉不自然。

9. 与一大群朋友在一起，常感到孤寂或失落。

10. 极易受窘。

11. 与别人不能和睦相处。

12. 不知道与异性相处如何适可而止。

13. 当不熟悉的人对自己倾诉他的生平遭遇以求得同情时，自己常感到不自在。

14. 担心别人对自己有什么坏印象。

15. 总是尽力使别人欣赏自己。

16. 暗自思慕异性。

17. 时常避免表达自己的感受。

18. 对自己的仪表（容貌）缺乏信心。

19. 讨厌某人或被某人所讨厌。

20. 瞧不起异性。

21. 不能专注地倾听。

21. 自己的烦恼无人倾诉。

23. 受别人排斥与冷漠。

24. 被异性瞧不起。

25. 不能广泛地听取各种意见、看法。

26. 自己常因受伤害而暗自伤心。

27. 常被别人谈论、愚弄。

28. 与异性交往不知如何更好地相处。

[计分与解释]

如果总分在 0 分 ~ 8 分，说明受测者善于交往，性格开朗，主动关心别人，对周围朋友很好，彼此相处得不错。

如果总分在 9 分 ~ 14 分，说明受测者与人相处有一定的困扰，人缘一般，与朋友的关系时好时坏，经常处于起伏变动之中。

如果总分在 15 分 ~ 28 分，说明受测者在与人相处时存在严重困扰。分数超过 20 分，则表明人际关系行为困扰程度很严重，而且在心理上出现较为明显的障碍；受测者可能不善于交往，也可能是个性格孤僻的人，不开朗，或者有明显的自高自大、讨人嫌的行为。

下面根据各个小栏中的得分，具体说明受测者与人相处的困扰行为及其纠正方法。

Ⅰ	题目	1	5	9	13	17	21	25	小计
Ⅱ	题目	2	6	10	14	18	22	26	小计
Ⅲ	题目	3	7	11	15	19	23	27	小计
Ⅳ	题目	4	8	12	16	20	24	28	小计

1. 记分表Ⅰ栏中的小计分数，显示出受测者在交谈方面的行为困扰程度。

如果得分在 6 分以上，说明受测者不善于交谈，只有在极需要的情况下才同别人交谈且无论是愉快还是烦恼，总难于表达自己的感受；受测者不是个很好的倾听者，往往无法专心听别人说话或只对单独的话题感兴趣。

如果得分在 3 分 ~ 5 分，说明受测者的交谈能力一般，能够诉说自己的感受，但不能讲得条理清晰。如果受测者与对方不太熟悉，开始时往往表现得比较拘谨与沉默，不太愿意与对方交谈。但这种状况一般不会持续太久。经过一段时间的接触，受测者可能会主动与人搭话，这方面的困扰也就会随之减轻或消除。

如果得分在 0 分 ~ 2 分，说明受测者有较高的交谈能力和技巧，善于利用恰当的说话方式来交流思想感情，因而在与别人建立友情方面，往往更容易获得成功。

2. 记分表Ⅱ栏中的小计分数，显示出受测者在交际与交友方面的行为困扰程度。

如果得分在6分以上，说明受测者在社交活动与交友方面存在严重的行为困扰。例如：在正常集体活动与社交场合，比大多数同伴更为拘谨；在有陌生人或老师在场时，往往感到更加紧张；往往过多考虑自己的形象而使自己处于越来越被动和孤立的境地。

如果得分在3分~5分，说明受测者在社交与交友方面存在一定的困扰。受测者不喜欢一个人待着，需要和朋友在一起，但却不善于创造条件并积极主动地寻找知心朋友。

如果得分在0分~2分，说明受测者对人较为真诚和热情，不存在人际交往困扰。

3. 记分表Ⅲ栏中的小计分数，显示出受测者在待人接物方面的困扰程度。

如果得分在6分以上，说明受测者缺乏待人接物的机智与技巧。在实际的人际交往中，受测者也许有意无意地伤害别人，或者过分羡慕别人以致在内心嫉妒别人。因此，可能受到别人的冷漠、排斥，甚至愚弄。

如果得分在3分~5分，说明受测者是个多侧面的人，也许是一个较圆滑的人。对待不同的人，受测者有不同的态度，而不同的人对受测者也有不同的评价。受测者讨厌某人或者被某人讨厌，但却非常喜欢另一个人或者被另一个人喜欢。受测者的朋友关系某些方面是和谐的、良好的，某些方面却是紧张的、恶劣的。因此，受测者的情绪很不稳定，内心极不平衡，常常处于矛盾状态中。

如果得分在0分~2分，说明受测者较尊重别人，敢于承担责任，对环境的适应性强。受测者常常以自己的真诚、宽容、责任心强等个性特点，获得众人的好感与赞同。

4. 记分表Ⅳ栏中的小计分数，显示出受测者同异性朋友交往的困扰程度。

如果得分在5分以上，说明受测者在与异性交往的过程中存在较为严重的困扰。也许受测者对异性存有过分的思慕，或者对异性持有偏见。这两种态度都有片面之处。也许是不知如何把握好与异性交往的分寸而陷入困扰之中。

如果得分在 3 分 ~4 分，说明受测者与异性交往的行为困扰程度一般。有时受测者可能觉得与异性交往是一件愉快的事，有时又可能觉得这种交往是一种负担，不知道如何与异性交往最适宜。

如果得分在 0 分 ~2 分，说明受测者知道如何正确处理与异性朋友之间的关系。受测者对异性持公正的态度，能大方自然地与他们交往，并且在与异性朋友交往中，得到了许多从同性朋友那里得不到的东西。受测者可能是一个比较受欢迎的人。无论是同性朋友还是异性朋友，多数人都比较喜欢和赞赏受测者。

【小小思考角】

1. 你同意下列的说法吗？

说法一：如果周围有同学不喜欢你，就说明你的人际关系不好。

说法二：如果我拒绝别人，就会破坏人际关系。

说法三：为了维系良好的人际关系，我永远只能是一个奉献者。

请思考你在多大程度上同意这些说法，如果你不同意，你的理由是什么？

2. 人际关系的好坏影响着我们生活的方方面面，良好人际关系圈的建立不仅会让我们生活的舒适度增加，还会在很多场合下帮助我们尽快地解决问题，这就是我们的社会支持系统。你的支持圈是怎样的？遇到困难时你最先想到的又是哪些人呢？画下属于你自己的支持圈吧。

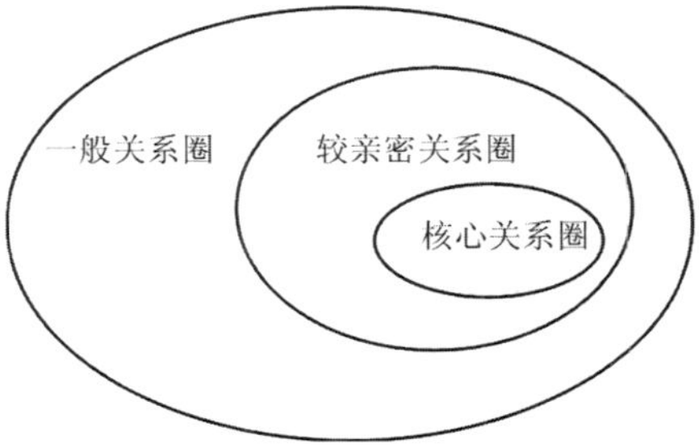

第八章　恋爱心理

【案例导读】

案例一

小晴在最近一段时间都不敢回家，也担心家里会跟老师或同学联系。因为，她已经用各种借口如购买学习资料、帮助同学等跟家里要了很多钱。可是只有她自己知道，她把钱都买了衣服，做了发型以及讨好男朋友了。男朋友花钱大手大脚，为了讨好对方，她在男朋友面前表现得家里很有钱。看着又见赤字的钱包，小晴很苦恼，男朋友会不会因此离开自己呢?

案例二

小 A 的男朋友在上周提出了分手，她感觉无法接受这个事实，之前两人在一起很开心、很快乐，为什么现在男友一副冷冰冰的表情。在几次试图挽回感情无效后，小 A 心灰意冷，甚至想要结束自己的生命。

案例三

小李原是班里的班干部，因各方面表现优异，博得班上一位女生的好感，两人很快确立了恋爱关系。小李来自农村，家庭条件不好，但小李觉得不能在女友面前没面子，同时也觉得自己应该给女友快乐的生活，于是他拼命打工以维持两人的花销。这不仅影响了他的学业，而且也因总不能与女友相处，两人没有更深一步的了解，女友渐渐觉得与他不合适，提出了分手。小李觉得自己为了女友付出了那么多，学习、班级工作都受到了影响，女友却要与他分手，他无论如何也不能接受。一个周末的下午，当他再次被女友拒绝后，小李选择了自杀，还好被舍友及时发现，但小李觉得一切都完了，心里总也不能释怀。

【讨论】

1. 案例中涉及的人物对自己恋情的处理方式存在哪些方面的不合理之处？

2. 你眼中成熟的恋爱观应该是怎样的？

【本章要点】

▶了解友情与爱情的区别

▶了解恋爱的常见困惑及调适方法

▶学习培养健康的恋爱心理

爱情是什么？每个经历的个体都会有自己不同的解读。爱是一种说不清、道不明的感觉，爱是一种剪不断、理还乱的情愫。爱情是世界上最复杂的情感现象，可以体验却难以言语。对于处在生理与心理成长期的职业技术院校的学生群体来说，学习认识并正确处理可能面对的爱情，也是一门重要的功课。

第一节　友谊与爱情及恋爱

一、友情与爱情

友情，是在心理相容基础上形成的个人之间强烈而深沉的情绪依恋。它不分男女，也没有范围和年龄的限制。友情最显著的特点是不排斥他人，可以是三五人或更多的人形成的朋友关系。友情可以是短期的，也可能是长久的。而爱情则不同，爱是人的一种特殊情感形态，是人最深刻的人生体验之一。爱情有几个明显的特征：①仰慕的特指性。不仅仰慕对方的志趣、爱好、人品，更感兴趣的是对方的人体特征，如长相、动作等。②交往的排他性。有意无意地总想要两个人在一起，总想避开朋友或熟人。③感情的冲动性。也就是说爱情是人类特有的精神心理活动，是包含了生理、心理和社会诸多因素的复杂现象，具有直觉性、冲动性、专注性、执着性、排他性和相容性。

二、恋爱的心理过程

1. 好感

恋爱首先产生于相互的吸引，这种吸引可能是由于双方魅力的“一见钟情”，也可能是由于接触多了才产生好感。男女之间的好感并非全部是爱情，却是爱情产生的前提。

2. 爱慕

一般情况下，当双方基于相互吸引而进行交往之后，总是朝着情感加深的方向发展，双方都在对方面前表现自己的优点，去做一些使对方满意和高兴的事情，甚至尽量去美化对方。

3. 相互爱慕，建立爱情

在恋爱中，从单方面的爱慕到相互之间的倾慕，总是要经历一定的时间和过程。但只要双方心心相印，无论是谁先打开自己的心扉，最终都会赢得对方的回应，开出绚烂的爱情之花。

爱情里有一个重要的基本元素就是承诺。承诺包括短期的决定去爱一个人和长期的承诺去维持爱的关系，属于认知维度。爱情从来都是严肃高尚的感情，不是男女两性的简单结合，不是儿女间的游戏。爱情的价值观是人的价值观在爱情问题上的具体体现，涉及什么样的爱情有意义、什么样的婚恋生活幸福，以及选择什么样的婚恋对象等问题。

爱需要彼此的理解、关心、宽容；爱情是催人上进的；爱是需要不断追求与培养的，不是一旦拥有就永远拥有。职业技术院校的学生年龄段正处于青年前期，对异性有懵懂的好感，在友情之中可能含有互相倾慕依恋的成分。但如果不理智地处理，不以高尚的道德精神来约束自己，很有可能超越友情的界限，发展为“早恋”。所以，正确对待恋爱和爱情问题是其成长道路上极为关键的一步，这一步走得怎样，将会影响他们的一生。

第二节　常见的恋爱困惑与调适

处于青春期向成年期过渡的职业技术院校的学生们，情感开始萌动，心中常会产生一些说不出的滋味和感觉。在与异性的交往中，容易对异性产生好感，同时也意识到自己在别人心目中形象的重要性，他们便自觉不自觉地刻意打扮起来，想通过衣着打扮、言谈举止、化妆美容等形象来设计和表现自己，尽可能地引起同性的羡慕和异性的注意。渴望了解异性，渴望与异性交往，是每一个青春少年所具有的正常的心理现象。

但是，生活在这一时期的学生无论在心理上和生理上，正经历急剧成长变化但未达到成人那样的安定。这时的情感感受性大大提高，内心体验易于外泄，同时也易于波动，容易冲动，又缺乏理智制约，情感不够稳定。

一、恋爱的困惑

（一）恋爱的不成熟心理

1. 恋爱理想化。此时的恋情多半是不理智、不成熟的选择，又加进了自己的幻想和情绪冲动，更容易造成过度狂热和痴迷，从而影响学习，这一点在女孩方面表现更为明显。

2. 追求纯真浪漫。此时的恋爱很单纯，爱就是一切，不附加任何条件，往往说不出比较明确和充足的理由。这种感情比较纯洁，但也正因为此，他们天真的幻想往往会在现实生活面前碰壁。

3. 注重过程，轻视结果。有的人把恋爱当作是一种感情游戏，寻求刺激，满足精神需求；有的人是为了排除寂寞，填补空虚。

4. 盲目轻率，考虑欠佳。心理上的需求和校园的恋爱热，使很多职业技术院校的学生把谈恋爱当成自己的一个目标来完成，只怕不谈恋爱会让他人觉得自己没有魅力。

5. 易受波折。因身份的特点，校园恋情往往不被家长和老师认可，再加上遇到波折、感情转移、争吵、分离等情况时，易于产生偏激行为，如自杀、恶性报复、离家出走、患忧郁症等。

（二）恋爱的不恰当动机

处于青年前期的职业技术院校的学生们，他们谈恋爱的原因和动机有很多，一般有以下几点。

1. 空虚寂寞，为求慰藉。有些学生认为通过谈恋爱能建立一种比较亲密的关系，可以充实生活，缓解紧张，转移注意力，摆脱孤独，从而寻得一份感情寄托。许多学生远离家乡、父母、朋友，又不能很快适应新的校园生活及当地的文化习俗，加之人际关系复杂，使得他们常有一种孤寂之感。当不能从周围获得这种心理需求的满足时，他们就去谈恋爱，借助爱情来补偿心中的空虚寂寞，或摆脱人际孤独，或代替父母的关爱。

2. 混淆友情与恋情。因为感情处于不成熟期，他们往往分不清吸引、好感、友谊与真正爱情的差别，脑子里存有太多的关于异性和爱情的浪漫幻想，这些幻想大多来自影视媒介或对成人世界的观察。他们往往把对异性的初步好感、爱慕、感激、同情、赞许、崇拜等统统当作爱情。

3. 从众心理或竞争行为。有些学生“谈朋友”可以说是从众心理引发的仿效行为。有的同学看见自己的好朋友交上了异性朋友，要是自己不找一个，就感觉自己特没本事，缺乏魅力。强烈的竞争心理和自我表现欲望使他们不甘落后，就有可能寻找一个异性作为求爱对象。

（三）恋爱的不合理后果

从实际情况看，学生时代谈恋爱是有百害而无一利的，给他们的身心发育和健康成长带来了许多障碍，主要表现在以下几个方面。

1. 常因恋爱而占去了不少学习时间，精力分散，影响学习和进步。

2. 有的同学因恋爱造成情绪波动异常，给其正常的学习和生活带来了许多不良影响。

3. 有相当一部分处于恋爱中的同学对集体活动开始冷淡，与同学关系也逐渐疏远。

4. 最严重的后果是少数道德观念淡薄、意志脆弱的学生可能犯两性关系的错误，给双方带来身心的严重伤害。

（四）恋爱的“冷处理”

1. 不要人为地夸大这种爱，更不要有意识地去刺激助长这方面的情感。

传递眼神、互送纸条甚至遛马路、赴约会等都是不恰当的举动，对此应该漠然处之。对待自己爱慕的同学，也像对其他同学一样，落落大方，一视同仁。时间一长，这种感情就会逐渐消失或淡薄。

2. 要用坚强的意志克制自己情感的流露，这里要特别强调运用理智的力量去战胜自己感情上的冲动，把爱的萌芽深深埋在心底。要懂得：爱情之花的成熟开放，是离不开必要的社会实践和时间考验的。

3. “冷处理”。双方并不一定停止往来，但在感情上应降温。多在集体中活动，并集中精力于学习。彼此可以把那份美好的情谊珍藏于心中。这是“冷冻”，它意味着可能有“解冻”的时候，那要看今后两人的发展道路。如果双方已经成熟了，学业或事业达到了一定水平，有条件正式谈恋爱了，双方也许会郑重其事地恋爱起来。那时，可能也有一定的物质条件供双方做出恰当的决定，并会由于成熟的心理而使双方做出负责任的选择。

二、失恋的痛苦

失恋是一种痛苦的情感体验，对双方都会造成剧烈、深刻的心理创伤，严重时会令人处于极其强烈的自卑、忧郁、焦虑、悲愤甚至绝望的消极情绪之中，失去生活的勇气和信心。有的学生因不知如何面对这种结果，因而形成各种心理障碍，或者怀疑和不信任任何人，把自己的情感之门永远关闭起来，变得郁郁寡欢，甚至看破红尘、自暴自弃，从而消沉下去；或者反目成仇、图谋报复、损人害己。失恋对于青年学生来说，可以说是最常见也最为严重的心理挫折和应激事件之一。

（一）失恋后的反应类型

失恋后给人造成的心理上的压力是巨大的，其后果是会让失恋者产生强烈的挫折感和自卑感。职业技术院校的学生由于社会经验和心理准备不足，一旦失恋，很容易产生一些消极的情绪反应。这些反应又因为失恋原因以及性格特征的不同而不同。最值得注意的是如下几种行为：

1. 消沉反应

在失恋挫折的巨大心理压力下，在失败及自卑感的心理阴影下，他们可能陷入痛苦的情绪中而不能自拔。表现为对什么都不感兴趣，也看不到生活的希望，显得心灰意冷，郁郁寡欢。长期处在这种抑郁的状态下，可能导致自杀等极端行为，也可能变得麻木，并把这种麻木状态作为减少失恋伤害的一种“保护”措施持续下去。

2. 破坏性举动

原本顺利的恋爱进程突然有了变故，容易引发其破坏性举动。年轻人不容易控制自己的冲动，失恋后揭露对方隐私，无端造谣中伤就是其表现。

3. 自责行为

恋爱是双方的，恋爱的进程也受到很多因素的影响。但也经常见到一些人在失恋后过分自责，好像“一切都是我的错”，陷入悔恨的痛苦深渊中。这种情况的出现，往往与其个性特点有关，例如心胸狭窄、敏感、优柔寡断等。

4. 自暴自弃

这种情况的出现，往往是在一段至真至纯的恋情结束之后，有些学生对自己的行为变得不加约束，故意放纵自己。然而，这些行为的深层心理原因，大都是为了引起昔日恋人的关心，希望重新唤回失去的恋情。也有人固执于这种自暴自弃的行为之中，只是为了证明自己曾经对感情的倾心投入。

（二）失恋的自我调适

校园里的恋爱，因为缺乏经济基础和社会支持，所以极易导致失恋。当爱情之花悄悄开放时，一切都那么美好；可当爱情之花凋落之际，失恋的打击又是那么令人心碎。有的同学能坦然面对，而有的同学却认为是世界的末日。正如身体受到伤害需要时间来修复一样，失恋带来的身心之痛也是需要时间和一定技巧来帮助修复的。

1. 敢于面对失恋的现实

有的学生在失恋后有一种难以摆脱的情结，认为一切都完了，什么都没有了，世界都变得灰暗了。理智的做法应是勇敢面对失恋的事实，坚强地承受失恋所带来的伤害。告诉自己，失恋是恋爱的一部分，更要认识到爱情并非生命的全部，人生还有事业、亲情和友情；对于那些认为失恋就是失面子，不敢面对这个残酷的现实更是不可取的。只有勇敢地面对事实与未来，才能顺利走出心理阴影的第一步。

2. 换位思考

要设身处地为对方着想，这样将有助于理解对方提出结束恋爱的原因，可能更容易以客观的态度看待双方之间的差距，有助于平静地接受失恋这一事实。既然对方觉得这样更幸福，就让他（她）离开你吧。不然，有一个人觉得不幸福，两个人的生活也是不幸福、不安定的。

3. 加强自我调控，增强自信

（1）适当的情绪宣泄。失恋后会产生痛苦、失落等心理问题，要学会有意识地控制自己波动不安的情绪，首先要做的就是将自己的感受、情绪进行适当的宣泄。失恋后不要独自把痛苦长期地埋藏在心底，更不要时常独自品味，可以找亲人或知心好友倾诉你心中的烦恼、怨恨与不快，将痛苦与忧愁宣泄出来，以减轻心灵的负荷；如无合适的倾诉对象，也可写日记，将多余的情感在你的笔端发泄，甚至可以关门痛哭一场。这样有助于消除失恋带来的心理压力，及时恢复心理平衡。当然，宣泄要有度，无休止地唠叨，反而容易沉溺于消极的情绪中。

（2）时间是治疗失恋的良方。一段感情的结束，就像一个亲人的离世，需要时间来处理这种分离的焦虑。失恋了也不要急于开启下一段恋情，给自己一个心境平复的时间，有利于了解自己内心真正需求的是什么。

（3）寻求自我的心理能量。努力保持心理的平衡，多罗列自己的优点，这样也有利于正确地评价自己，以自信、坚强的精神面貌积极投入到学业中去。

4. 转移注意力

失恋后如果总是想着失恋这个沉重的打击，那就很难尽快地从失恋的阴影中走出来。这时，就应设法把自己的注意力从失恋这件事情转移到自己比较感兴趣、能够分散自己注意力的事情上去。例如：听音乐、看电影、打球、让朋友陪伴等，以冲淡内心因失恋而造成的挫折感和压抑感。

5. 转换环境

对于失恋所带来的痛苦与伤害，失恋者应积极面对，转移情境与情感，及时减轻或消除由失恋所带来的痛苦与失落。

6. 升华

尽力将精力引向学习或其他有意义的事中，把失恋升华为一种向上的动力。

【小贴士】

如何摆脱失恋困境

1. 多与朋友和家人联系。
2. 给自己足够的时间去平静与恢复心情。
3. 把自己的感受与想法说出来，或记在日记本上。
4. 通过聊天、锻炼、音乐等活动转移注意力。
5. 适当的情绪宣泄。
6. 不要将自己与关心你的人隔开。
7. 不要去触景生情的地方。
8. 不要去报复，这样只会延长痛苦。
9. 不要过快地尝试新的恋情。
10. 不要自我贬损，更不要自我伤害。

【知识链接】

苏格拉底与失恋者的对话

苏（苏格拉底）：孩子，为什么悲伤？

失（失恋者）：我失恋了。

苏：哦，这很正常。如果失恋了没有悲伤，恋爱大概就没有什么味道。可是，年轻人，我怎么发现你对失恋的投入甚至比对恋爱的投入还要倾心呢？

失：到手的葡萄给丢了，这份遗憾，这份失落，您非当事人，怎知其中的酸楚啊！

苏：丢了就是丢了，何不继续向前走去，鲜美的葡萄还有很多。

失：等待，等到海枯石烂，直到她回心转意向我走来。

苏：但这一天也许永远不会到来。你最后会眼睁睁地看着她向另一个人走去的。

失：那我就用自杀来表示我的诚心。

苏：但如果这样，你不但失去了你的恋人，同时还失去了你自己，你会蒙受双倍的损失。

失：踩上她一脚如何？我得不到的别人也别想得到。

苏：可这只能使你离她更远，而你本来是想与她更接近的。

失：您说我该怎么办？我可真的很爱她。

苏：真的很爱？

失：是的。

苏：那你当然希望你所爱的人幸福？

失：那是自然。

苏：如果她认为离开你是一种幸福呢？

失：不会的！她曾经跟我说，只有跟我在一起的时候她才感到幸福！

苏：那是曾经，是过去，可她现在并不这么认为。

失：这就是说，她一直在骗我？

苏：不，她一直对你很忠诚。当她爱你的时候，她和你在一起，现在她不爱你，她就离去了，世界上再没有比这更大的忠诚。如果她不再爱你，却还装着对你很有情谊，甚至跟你结婚生子，那才是真正的欺骗呢。

失：可我为她所投入的感情不是白白浪费了吗？谁来补偿我？

苏：不，你的感情从来没有浪费，根本不存在补偿的问题，因为在你付出感情的同时，她也对你付出了感情，在你给她快乐的时候，她也给了你快乐。

失：可是，她现在不爱我了，我却还苦苦地爱着她，这多不公平啊！

苏：的确不公平，我是说你对所爱的那个人不公平。本来，爱她是你的权利，但爱不爱你则是她的权利，而你却想在自己行使权利的时候剥夺别人行使权利的自由。这是何等的不公平！

失：可是您看得明明白白，现在痛苦的是我而不是她，是我在为她痛苦。

苏：为她而痛苦？她的日子可能过得很好，不如说是你为自己而痛苦吧。明明是为自己，却还打着为别人的旗号。年轻人，德行可不能丢哟。

失：依您的说法，这一切倒成了我的错？

苏：是的，从一开始你就犯了错。如果你能给她带来幸福，她是不会从你的生活中离开的，要知道，没有人会逃避幸福。

失：可她连机会都不给我，您说可恶不可恶？

苏：当然可恶。好在你现在已经摆脱了这个可恶的人，你应该感到高兴，孩子。

失：高兴？怎么可能呢，不管怎么说，我是被人给抛弃了，这总是叫人感到自卑的。

苏：不，年轻人的身上只能有自豪，不可自卑。要记住，被抛弃的并不是就是不好的。

失：此话怎讲？

苏：有一次，我在商店看中一套华贵的衣服，可谓爱不释手，营业员问我要不要。你猜我怎么说？我说质地太差，不要！其实，我口袋里没有钱。年轻人，也许你就是这件被遗弃的衣服。

失：您真会安慰人，可惜您还是不能把我从失恋的痛苦中引出。

苏：是的，我很遗憾自己没有这个能力，但可以向你推荐一位有能力的朋友。

失：谁？

苏：时间，时间是最伟大的导师，我见过无数被失恋折磨得死去活来的人，是时间帮助他们抚平了心灵的创伤，并重新为他们选择了梦中情人，最后他们都享受到了本该属于自己的那份人间快乐。

失：但愿我也有这一天，可我的第一步该从哪里做起呢？

苏：去感谢那个抛弃你的人，为她祝福。

失：为什么？

苏：因为她给了你一份忠诚，给了你寻找幸福的新的机会。

第三节　培养健康的恋爱心理与行为

一、培养健康的恋爱心理

爱情是人类高尚的精神体验，对于人生而言，个体心理成熟才能够正确、客观地理解爱情。爱情不同于人类其他的情感体验，它是个体独特的心路历程，只有真正爱过的人才能体察到心灵的互动。正确地理解爱情，才可能与幸福同行。

1. 学会爱自己

一个自爱的人是自知的，一个心理成熟的人是可以自然而坦然地表达自我的。自爱是要成为你自己，而非通过爱情变成他人。

（1）拥有正确的自我认知。特别是女性，更要积极关注恋爱中的自我。恋爱双方强烈而丰富、敏感而不稳定的感情并非异常，但如果陷入情感的幻想中，自我判断、自我评价与自我意识都会发生偏差，有的因为恋爱失去了自我，有的因为恋爱更加自恋，有的因为恋爱更加成熟，其中的差异在于个体对自我的认知。

（2）学会珍惜、尊重自己的感情。感情纯洁、真诚，这是将来幸福生活的基础。有的同学因为恋爱而放纵自己的感情，甚至本不是爱情，仅仅为了满足自己生理与心理甚至物质的需求，用青春与爱情赌明天，都不是珍惜感情的体现。

（3）接受自己，对自己负责。恋爱不是为了让我们放弃自我，而是学会更加负责地生活。这当然也包括失恋后的自爱。一个人应该本着对自己高度负责的态度学习、生活，处理好恋爱中的自我与他人、现在与未来、学业与爱情等关系。爱不仅是情人节的玫瑰，也不只是每日的相守，更是守望的美丽与对彼此生命负责的人生态度。

2. 学会爱他人

爱自己和爱他人是密不可分的。只有认识对方、了解对方，才能尊重对方。我们只有用他人的目光看待他人，才能了解对方。爱他人不是无我状态，不是按照对方的意愿塑造自己，也不是将你爱的人塑造成你所希望的人。爱他人包括以下几个方面：

（1）尊重对方。恋爱是使双方积极的潜能发挥而非按照某种愿望或标准塑造对方，使其成为你希望的那样。事实上，每一份爱情中都包含着期待效应，对方都在向着彼此希望的方向发展。这就要求尊重自己所爱的人，让对方自由发展，以他（她）自己喜欢的方式发展自我。

（2）帮助对方。积极的恋爱使个体潜在的心理能量得以释放，为所爱的人而努力。爱也是积极向上的精神力量，催促着相爱的两个人更好地自我发展，努力自我完善，而非自我束缚、自我放纵。爱对方表现为帮助对方积极发展自我，特别是将爱情引向积极的有利于人类发展的方向。

二、树立健康的恋爱理念

1. 爱是给予。成熟的爱情是在保留自己完整性和独立性的前提下，也就是保持自己个性的条件下与对方合二为一。爱情是一种积极的精神力量，这种精神力量可以推动个体创造生命的奇迹，可以推动个体找到人生的目标。爱情是对生命以及我们所爱之物的积极的关心，爱的本质是培养与创造。

2. 爱是责任。不成熟的爱情是“我爱，因为我被人爱”，成熟的爱情是“我被人爱，因为我爱人”；不成熟的爱是“我爱你，因为我需要你”，成熟的爱是“我需要你，因为我爱你”。所有的爱情都包含着一份神圣的责任，这种责任不是义务，不是外界强加的，而是内心的自觉，即为自己所爱的人承担风霜雨雪，而不仅是感官上的愉悦与寂寞时的陪伴。

3. 爱是尊重。真诚的爱是建立在双方平等与理解基础之上的尊重。尊重就是努力使对方能发展自己，而非剥夺；是让自己爱的人以他自己的方式、为了自己而成长，而不是服务于我。如果爱他人，就应该接受他本来的面目，而不是要求他成为自己希望的那样，以便使自己把他当作使用的对象。只有当自己独立时，在没有外援的情况下也能独立地走自己的路，才能做到尊重。

4. 爱是能力。爱的能力不是与生俱来的，也非随着生理成熟自然形成的，而是在社会生活中逐渐成长起来的。这种能力包括给予爱的能力、接受爱的能力与自我成长的能力。爱的能力要求恋爱中的人始终保持高度理性，而非随着感觉走。

5. 爱是创造。爱情是神奇的，爱情不仅能够创造新的生命，而且真正的爱情对恋爱双方都是一个新的创造，它净化我们的灵魂，鼓舞着我们为挚爱的人奋斗进取，开创一个新的自我，也创造着两人美好的明天。

三、爱的能力的培养

爱的能力是指和他人建立亲密关系的能力。它对人的一生发展有着重要的意义，具备了爱的能力，会引导一个人真正地爱他人，也真正地爱自己，能真正体验到爱给人带来的快乐和幸福。恋爱的过程也是培养爱的能力的过程。心理学家弗洛姆曾说："爱是人的一种主动的能力，一种使人和他人相联合的能力；爱使人克服了孤独和分离的感觉，但他允许他成为他自己，允许他保持他的完整性。"

爱的能力内涵极为丰富，它包括：

1. 表达爱的能力。爱上一个人，能否用恰当的方式和语言向对方表达呢？表达爱需要勇气，需要信心。表达爱是在表明爱一个人也是幸福，即使可能得不到回报。你让对方知道被一个人爱着，这是一种很崇高的境界。

2. 接受爱的能力。期望的爱来临时，能否勇敢地接受，也是爱的能力的表现。这种接受不是害羞，不是退缩，而是坦诚地愿意与另一个人在一起的能力。当爱情来临时，要能够平等地接受对方的爱，真诚而又自然。有的学生在别人向自己示爱后，内心挺高兴，但又不敢接受别人的爱，或者对爱缺乏心理准备，或者觉得自己不配，不值得对方爱，因此而失去发展爱的机会。

3. 拒绝爱的能力。有爱的能力的人既不是对爱来者不拒，也不是简单地拒之门外，负责任的接受与拒绝爱都是对他人的尊重。拒绝爱要表达对对方的尊重和感激，要感谢对方对自己的欣赏和感情；拒绝时要态度明确、表达清晰，明确表明与对方只能保持何种关系，是同学关系还是一般朋友，或者什么都不是；拒绝爱的行动与语言要一致。可能有些同学怕对方受伤害，虽然语言上拒绝了对方，但是行动上还与对方有较亲密的接触，行动拖泥带水，容易使对方误解为还有机会，继续投入感情，从而加深对对方的伤害。

4. 鉴别爱的能力。鉴别爱是指能判断和区分好感、喜欢和爱情。真爱具有平等、信任与幸福感，平等的爱允许对方以自己的真实与整体存在。有鉴别爱的能力的人是自信的人，也是尊重别人的人。有鉴别爱的能力的人，会自然地与别人交往，主动扩展交往的范围，珍惜友谊，会尽量多地体谅他人的感受。

5. 解决冲突的能力。爱的冲突一方面来自日常生活中的不一致或不协调，另一方面可能来自于性格的差异。相爱的人不是寻求两人的一致，而是看如何协调、合作。爱需要包容、理解、体谅。拥有解决爱的冲突的能力的人会用建设性的方式去解决冲突。沟通是解决冲突的非常有效的方式。恋人间需要有效的沟通，表达清楚自己的思想、感受。拒绝沟通不利于问题的解决。

6. 呵护爱的能力。呵护爱是对一个人内在品质的检验，从相识、相知到相爱、相伴，如何呵护爱是对爱的能力的最真实的考验。

7. 承受失恋的能力。失恋是人生中一个很大的挫折，考验人的挫折承受能力。失恋使人产生痛苦的感觉是很自然的事，每个失去爱的人都会体验到这种痛苦，只是程度有差别。失去爱会使人感到一种重要关系的丧失、一种身份的丧失，需要一定的时间去面对和适应。但要认识到失恋只是一种选择的结果，一个人不选择自己不等于自我就一无是处。失恋也是人生的一次成长经历，人会在失恋中变得更加成熟。一次失恋也不等于整个爱情生命的结束，还会再恋爱，再体验美好的爱情，只要用心去体验、学习和感受。

四、正确处理爱情与学业的关系

爱情是人生的终身大事，但不是头等大事，也并非是人生的全部内容。学生的主要任务是学习，只有学有所成，才能保持爱情的魅力。如果爱情第一，分散精力，甚至荒废学业，影响与其他同学的团结，就会使爱情失去真正的价值。

对于职业技术院校的学生而言，正确认识、对待和处理爱情与学业的关系，主要表现在如何正确认识、对待和处理恋爱和学业的关系；恋爱与集体活动、社会工作的关系；恋爱与其他同学人际交往的关系，摆正爱情的位置。把主要精力放在学习上，以便将来走向社会实现人生价值。当爱情与学业发生矛盾时，应理智地使爱情服从学业，保证完成学业，让青春更美好、更富有意义。

【知识链接】

致橡树

（作者：舒婷）

我如果爱你——

绝不学攀援的凌霄花，借你的高枝炫耀自己；

我如果爱你——
绝不学痴情的鸟儿，为绿荫重复单调的歌曲；
也不止像泉源，常年送来清凉的慰藉；
也不止像险峰，增加你的高度，衬托你的威仪。
甚至日光，
甚至春雨。
不，这些都还不够！
我必须是你近旁的一株木棉，作为树的形象和你站在一起。
根，相握在地下；
叶，相触在云里。
每一阵风吹过，我们都互相致意，
但没有人，
听懂我们的言语。
你有你的铜枝铁干，像刀、像剑、也像戟；
我有我红硕的花朵，像沉重的叹息，
又像英勇的火炬。
我们分担寒潮、风雷、霹雳；
我们共享雾霭、流岚、虹霓；
仿佛永远分离，却又终身相依。
这才是伟大的爱情，
坚贞就在这里。
爱——
不仅爱你伟岸的身躯，
也爱你坚持的位置，
足下的土地。

【心理技能训练】

寻找失恋的十大好处

活动目的：

积极面对失恋，顺利度过失恋挫折期。

实施程序：

列举失恋后的十个好处，以下面的句型为模板：

因为我失恋了，所以我获得了________________。

【小小思考角】

1. 校园恋情受到很多因素的影响，校园恋情对个体的心理影响也非常深刻，学习完了本章的内容，结合自身观察学习的案例，尝试自我分析，校园恋情究竟利大还是弊大?

2. 本章介绍的失恋对于个体来说是一种深刻的挫折体验，生活中也难免会遭遇其他类型的挫折，面对挫折时你一般会怎样的反应，又会有什么样的应对策略呢?

第九章　挫折应对与压力管理

【案例导读】

王某，中学时成绩优秀，老师和家长都对他寄予厚望。但参加高考时因心理压力太大而发挥失常，后到一家职业学院学习。对此他一直没能释怀。入学后，觉得根本没法适应在校的学习和生活，也不知该如何与老师、同学相处，整日消沉，无心上课。渐渐地，他开始逃学，迷恋于网络游戏，期末考试时，他的多门功课成绩亮起了红灯，更是让他难以接受，干脆不想上学了。

【讨论】

1. 王某考试失利后的反应是否与你日常中遇到不愉快事情时的反应一致？

2. 对于他的这些应对方式应该做出怎样的调整才是恰当的？

【本章要点】

▶正确认识挫折及挫折产生的条件

▶掌握压力应对方式

▶了解职业技术院校学生常见的挫折反应

▶学习培养承受挫折的能力

▶积极行为的学习

当今社会，随着社会的飞速发展，人们的生活节奏日益加快，竞争越来越激烈。职业技术院校的学生面对时代转型出现的各种问题，面对自身作为一个特殊的社会群体的许多特殊问题，遇到挫折是常有的事。但是有些同学一旦受挫，便心灰意冷，甚至自我摧残，或出现极端的自杀行为，这是抗挫折能力低的表现。如何应对挫折是每个学生成长、成才的一门必修课。

第一节　挫折心理解读

一、挫折的含义

挫折是指个体在从事有目的的活动过程中，遇到无法克服或自认为无法克服的障碍，而使个人动机目标不能获得满足时产生的情绪体验或心理紧张状态。可见，挫折是一种主观体验，是一种心理感受。它与客观障碍有关，但与客观障碍并不是一回事。

二、挫折的类型

职业技术院校学生的生活内容相对单一和稳定，一般来看，其挫折类型主要有以下几种：学习挫折、生活挫折、人际交往挫折、恋爱挫折以及择业挫折。

1. 学习挫折

有些职业技术院校的学生受思维定式的影响，学习方法仍停留在中学模式上，尤其是不知道如何安排充足的自由时间，这就容易使他们感到无所适从，严重影响其学习效率。此外，也有一部分学生因专业选择不当，或因兴趣不足，或因择业压力而产生挫折感。

2. 生活挫折

不少职业技术院校的学生在原中学时只知学习，生活自理能力较差，进入现在的校园后因不能适应集体生活模式，产生在生活上的不适应感，从而造成挫折。

3. 人际交往挫折

很多学生因面对新的学习、生活环境和人际交往范围的不断扩大而感到一筹莫展，充满迷惘，对人与事的看法和想法容易情绪化、主观化，而且思维方法带有片面性和表面性，当与同学、朋友、老师等交往中遇到矛盾时，往往不知如何化解，从而产生人际交往方面的挫折感。

4. 情感挫折

处于青年前期的职业技术院校学生大多对感情非常执着，容易受到伤害，受伤害后又常常受不住沉重打击，容易产生苦闷、抑郁等不良情绪，甚至陷入其中不能自拔。其情感挫折一般来自家庭、朋友及异性交往的情感挫折。特别是异性交往后因失恋而带来的挫折感往往比较强烈，轻则让当事人精神痛苦，无心学习，重则可能致使失恋者出现极端行为。这种情感挫折如不及时加以引导，就很容易对他们今后的成长产生不良影响。

5. 择业挫折

因市场经济下的“双向选择型”就业形式，给很多职业技术院校的学生带来了不小的心理冲击。就业时能否与高校的毕业生竞争？自己的专业是否会“热销”？自己能否一次择业成功？没有足够的心理承受力，或者择业目标没有很好的定位，都会让他们产生择业挫折。

三、心理挫折产生的条件与原因

挫折的产生必须具备以下条件：

1. 主体具有必要的动机和目标。需要和动机得不到满足或目标无法实现就会产生挫折。

2. 有满足动机和达到目标的手段或行为。

3. 必须有挫折情境的发生。如果动机目标能顺利获得满足和实现，则无所谓挫折。但在实际生活中，在通向目标的道路上常常会遇到阻碍，如果能改变行为，绕过阻碍而达到目标或阻碍虽不能克服，但能改变目标与行为方向时，也不会形成挫折情境。只有在有阻碍且不能克服或超越时，才构成挫折情境。

4. 个体对实现目标的行为受到阻碍而产生的挫折情境必须有所知觉，如果客观上有阻碍存在，但主观上并无知觉，就不会构成挫折。

5. 必须有对挫折的知觉体验，从而产生紧张状态与情绪反应。

引起挫折的原因是多种多样的，原因不同，造成挫折情境的轻重程度也不相同。概括起来，大致可将其分为两大类：一类是外在因素，一类是内在因素。

（一）外在因素

外在因素主要指环境方面的，包括自然环境、家庭环境和社会环境。

（二）内在因素

挫折产生的内在因素是指个体的生理、心理因素等带来的阻碍和限制，成为挫折的来源。具体如下：

1. 生理条件

个体的生理条件是指个体与生俱来的身材、容貌、个性、智力和生理缺陷等。生理条件所造成的限制，常常导致学生学习、就业、交往和恋爱的受挫。如：一个身材矮小、弹跳力一般的人，一心想成为职业篮球运动员，这个愿望会使他体验到挫折感。因为生理缺陷而导致挫折的现象比较常见，有生理缺陷的人一般都比较敏感，自尊心容易受到伤害，如果不注意疏导不良情绪，就会产生严重的后果，或者会伤害自己，或者会攻击他人。

2. 动机冲突

在实际生活中，人们常常同时存在若干动机，其中有些性质相似或相反，让人难以取舍，便形成了动机的冲突。一般将动机冲突分为双趋冲突、双避冲突、趋避冲突、多重趋避冲突。如果这种矛盾心理持续太久、太强烈，或是其中一个动机得到满足而其他动机受到阻碍，这时便会造成挫折感。

3. 归因不当

归因是指个体依照主观感受或经验对自己、对他人的行为及其结果发生的原因予以解释与推测的心理活动过程。美国心理学家韦纳在研究人遭受挫折后的归因倾向时，提出了著名的韦纳归因模型。他认为，影响人们对成功和失败归因的主要因素有四种，即任务难度、努力程度、机遇和能力。把自己的失败归于内部稳定的因素（如能力和努力程度），会使个体产生内疚和羞耻感，引起无助忧郁的情绪情感体验。相反，把自己的失败归因于外部的、不稳定的因素（如任务难度和机遇），则会对未来类似活动的成功期望不至于过低，会继续努力，这将有助于保持乐观的情绪及情感体验。

4. 自我抱负水平过高，目标选择不当

自我抱负水平是指个人对未来可能达到的成功标准的心理需求，是指人们在从事某种实际活动之前，对自己所要达到目标规定的标准。心理学研究表明：需要和动机越强，行动的动力就越大，在目标受挫时反应也就越强烈。其目标越具体，愿望和动机越强烈，当遇到挫折时，其耐受力就越差，越容易出现心理障碍。也就是说决定苦乐感受的不只是成功与失败本身，而是人原来对某事所抱的期望值，期望值越高，心理情绪冲突越大。一个人如果过高地估计自己的能力，就会对自己提出不切实际的要求，很容易遭受挫折。只有对自己有了客观的认识和评价，才能确定符合实际的抱负水平和奋斗目标，才能将目标与社会需要以及自己的能力取得一致而取得成功，减少挫折感，从而进一步激励追求成功的动机和积极性。

5. 人际关系障碍

有些学生在人际交往过程中往往带有理想化色彩，不懂人际交往的规范和技巧，从而产生不敢交往、不愿交往的现象，时间久了，难免会产生孤独感或被抛弃感，从而引起各种形式的挫折反应。

6. 不合理的认知方式

认知是指人们对事物的认识或观点。由于认知方式的差异，个体对同一事物有可能产生不同甚至完全相反的看法，从而引起不同的心理反应。个体挫折感的产生主要源于不合理的认知，主要表现为：

（1）不应发生。人生的航程不是一帆风顺的，总会遇到各种困难和障碍。有些学生常把生活中的不顺利、不愉快，学习、人际交往中的失败看作是不应该发生的。面对考试失败、与同学发生矛盾等，他们要么变得烦躁易怒，要么失去信心，个别学生甚至选择结束自己的生命。

（2）以偏概全。有的学生一次考试不理想，就认为自己头脑笨，将来不会有什么大的前途；一次与同学争吵，就断定自己不讨人喜欢，不会与人交往。这种以一两件事情来否定自己整个人、否定自身价值的认知，很容易使人产生挫折感。

7. 挫折承受能力低

挫折承受能力是人们能够经得起压力和打击，有摆脱困境和避免自己在心理和行为上失常的能力。挫折承受能力差的人容易体验到挫折。假如挫折过于强烈或时间过长，超过个体承受能力，会给人带来挫折感或挫折心理。

第二节 压力及压力源

压力也称应激、紧张，是由一定刺激事件引起的使个体认为事情已经超出了当时的可控能力而体验到的一种身心紧张状态，它可引起当事人一系列心理与生理上的变化。心理研究表明，压力是一种复杂的身心体验，是个体在面对具体威胁性、挑战性刺激的情境中，一时无法消除威胁、脱离困境时的一种被压迫的感受。压力对个体的影响，既有正面的，也有负面的。对压力保持适度的心理反应，是我们获得顺利发展的重要条件。

一、压力的来源

研究表明，几乎任何生活的改变都有可能成为压力来源。一般来说，自身的压力源包括身体的疼痛、疾病、罪恶感、不良的自我认识和评价等；环境的压力源一般包括周围的噪音、家庭重大变故、不良的文化氛围和社会制度的变革等。这些压力源主要有四个：

1. 躯体性压力源

作用于机体直接产生的刺激，如温度、噪音、疾病等。对于职业技术院校的学生来说，躯体性压力源主要表现为身高、体重、相貌及各种生理上的疾病等。

2. 心理性压力源

心理性压力源指来自头脑中的紧张性信息，以及与学习或工作责任有关的压力与紧张等。心理性压力源与其他类型的压力源的显著不同在于它直接来自于头脑，反映了心理方面的困惑。职业技术院校的学生群体经常体验到的心理性压力源包括学习压力、人际关系压力等。

3. 社会性压力源

社会性压力源主要指造成生活方式上的变化，并要求对其做出调整和适应的情境与事件。社会性压力源的范围小到个人生活的变化，大到社会生活中的重要事件，如刚入学的适应性压力，临近毕业的就业与择业压力。

二、压力应对

1. 找出并减少或消除不必要的压力源。找到压力源后，尝试减少或消除一些不必要的压力源。可以问自己这些压力是真实存在的，还是自己想象的，通过调整自己的认知来缓解、消除压力。

2. 有效管理时间，科学安排学习生活。加强对时间的管理，解决问题不拖延，是减少压力的方式之一。拖延不仅影响问题的解决，而且会给个体的心理造成压力，对于必须要去面对和解决的问题，越早处理越能消除压力感。科学地安排时间，让自己的生活有条理，可以消除紧张情绪，缓解压力。

3. 改变不合理的认知。认知改变是利用一种更为积极的方式去理解并重新定义常见压力下产生的挫折、愤怒、紧张等不良情绪。许多人都会夸大引起压力事件的潜在后果。重新评价你所面对的情况，问你自己："最糟糕的结果能怎么样?"通常一切都没有我们想象的那么糟。

4. 运用社会支持系统。社会支持被看作是决定压力与健康关系的重要中介因素之一。社会支持是帮助强烈心理压力应对状态下的个体摆脱困境的重要外部力量。良好的社会支持有利于健康，而劣性的社会支持则损害健康。有效的社会支持以及个体对它的感知，能够提高该个体的心理适应性，尤其可缓解压力应对反应，帮助个体稳定情绪，减少无助感，增强对自己应对能力的信心。

压力是生活中不可或缺的一部分。职业技术院校的学生学会如何更有效地应对压力因素，通过采取有效的身体、行为、认知的应对策略，可以降低在适应学校生活中各种需要做出调整的过程中产生的焦虑和紧张。

第三节 常见的挫折反应

【案例导读】

案例一

方，某职业学院二年级男生，与女友相恋近一年，但最近女友突然提出分手。方觉得不能理解女友的行为，他整日痛苦不堪，不停地给女友打电话、发短信，希望女友能回心转意。在得不到女友任何的回应后，他又扬言要自杀，以挽回曾经的恋情。

案例二

林某，进入某技术院校近一年，因第一学期生病造成两门主科不及格。对此，林某无法接受，痛苦不堪，于是每天都泡在网吧里——聊天、玩电子游戏，以逃避课业的不良。因此，其学习成绩直线下滑……直至学校因其成绩太差而勒令退学。

个体在遭受挫折时会做出各种反应，或许为强烈的内心情绪体验，或许为特定的行为。由于个体的心理承受能力不同，自我调适能力不同，职业技术院校的学生在遇到挫折后，会有不同的行为表现。总体上可以分为两种：一种是积极的心理行为表现，指个体在遭受挫折后能够审时度势，不失常态、有控制地转向以摆脱挫折情境为目标的理智性行为；另一种是消极的心理行为表现，指失常的、失控的、没有目标导向的非理智性行为。

一、理智性反应

1. 坚持目标，继续努力。当个体受挫后，根据自己的知识、经验，通过分析，发现自己追求的目标是现实的，那么即使暂时遇到了挫折，也应克服困难，找到摆脱挫折情境的办法，毫不动摇地朝既定目标迈进，最终实现自己的愿望，达到预定的目标。

2. 降低目标，改变行为。当既定目标经一再尝试仍不能成功时，个体应调整目标，变换方式，通过别的方法和途径实现目标，或者把原来制订得太高而不切实际的目标往下调整，改变行为方向，则有可能成功，满足某种需要。这种目标的重新审定和转移，不是惧怕困难，而是实事求是的表现；同时也有利于避免由于目标不当难以达成而可能产生的焦虑情绪和挫折心理。

3. 改换目标，取而代之。在个体确定的目标由于自身条件或社会因素的限制而不能实现并受到挫折时，可以改变目标，用另一个目标来代替，以使需要得到满足；或通过另一种活动来弥补心理的创伤，驱散由于失败而造成的内心忧愁和痛苦，增强前进的信心和勇气。

4. 寻求支持。找亲朋好友倾诉衷肠，或找组织、团体要求得到帮助和关心，以此来减轻挫折感和烦恼程度，这也是一种理智性的挫折反应。

二、非理智性反应

1. 攻击

个体遭受挫折后，常常引起愤怒的情绪，为了将愤怒的情绪发泄出去，或是要对构成挫折的人进行报复，可能会产生过激的举动，而表现为攻击性行动。攻击是一种破坏性行为，这种行为可分为直接攻击和间接攻击。

（1）直接攻击。指受挫者将愤怒的情绪直接发泄到使之受挫的人或物上，多以动作、表情、言语、文字等方式表现出来。如打架斗殴现象，或以侮辱对方人格的方式，发泄自己内心的不满。

（2）间接攻击。间接攻击不是直接攻击造成挫折的一方，而是将其他人或物作为发泄的对象。直接攻击常常会造成严重后果，因而为社会所不容；有时也无法向真正的对象进行攻击，而且事实上也常常不能解决问题。因此，有的人在受挫后，就会采取变相的攻击方式。例如，有的同学在受到老师的批评后会和同学吵架，也有的男生打篮球失利后摔东西，等等。

2. 焦虑

个体在受到挫折后，情感反应是非常复杂的，它包括自尊心的损伤、自信心的丧失、失败感的增加，最终形成一种紧张、不安、忧虑、恐惧等消极情绪所交织成的复杂心情，这就是焦虑。就像挫折难以避免一样，焦虑也是个体生活的一部分，它是经受挫折后一种常见的行为反应。适度焦虑，如考试前适度紧张对提高学习和工作效率、发挥潜能有一定的积极作用，而过度焦虑是有害的，会造成注意力难以集中、记忆力下降，严重的会导致心理疾病，发展成焦虑症。

3. 冷漠

冷漠是个体在受到挫折后出现对挫折情境漠不关心与无动于衷的态度和行为，是一种与攻击相反的行为反应。当个人遭遇挫折时表现出无动于衷、漠不关心的态度，似乎毫无情绪反应。其实，冷漠并非不包含愤怒的情绪成分，只是个体把愤怒暂时压抑，以间接方式表现出来而已。这种行为反应表面冷漠退让，内心深处则往往隐藏着很深的痛苦，是一种受压抑极深的反应。它对个体的心理损伤最大。

4. 消极心理防御机制

心理防御机制是指个人在挫折与冲突的情境时，在其内部心理活动中具有的不自觉地解脱烦恼、减轻内心不安，以恢复情绪平衡与稳定的一种适应性倾向。“酸葡萄”和“甜柠檬”心理都是心理学中的防御机制。心理防御机制在现实生活中是一种相当普遍的心理现象。消极的心理防御机制虽然也能起到暂时缓解挫折心理的作用，但通常并不利于受挫者的心理健康，更无助于挫折环境的改变。长期使用消极的心理防御机制，会使人的心理退行，形成消极、退缩的心理特征。常见的消极心理防御机制有：

（1）文饰

文饰又叫“合理化”，这是一种援引合理的理由和事实来解释所遭受的挫折，以减轻或消除心理困扰的方式。它的表现形式可以概括为“找借口”“酸葡萄效应”“甜柠檬效应”等。

文饰虽然是人们面临挫折时自觉或不自觉地采用的一种心理防御机制，但它除了暂时缓解内心冲突，以达到缓冲心理挫折、减轻焦虑情绪、保持暂时的心理平衡之外，对心理发展更多的是起消极作用。因为文饰自我的“理由”往往是不真实或次要的理由，起着自我欺骗和自我麻痹的作用，影响了实事求是地面对现实和做积极改变。因此，长期地、过分地使用这种方式，会使自己不去认真吸取教训，放弃对自我的认识和改造，以致降低积极适应环境的能力。

（2）退行。又叫倒退或回归。指个体遇到挫折时表现出与自己的年龄、身份极不相称的幼稚行为。其根本目的在于发泄心中的不满并博取他人的同

情和关注。当一个人遭受挫折时，可能会以简单、幼稚的方式应付挫折，以求得别人的同情和照顾。如有些学生遇到挫折或一些不顺心的事情后，或暴跳如雷，或蒙头大睡，装病不起，甚至幼稚得像小孩一样哭闹。退行是一种由成熟向幼稚倒退的反常现象，而本人对此并不能清醒地意识到。退行的另一种表现是受暗示性增高，受挫折后降低了明辨是非的能力，盲目地相信别人，盲目地顺从别人和盲目地执行别人的暗示。对于退行这种反常的行为表现，受挫者往往不能清醒地意识到。

（3）潜抑和否认

潜抑是一种较常见的心理防御机制，即把不愉快的经历不知不觉地压抑到潜意识里去，不再想起，不去回忆。由于潜抑作用，痛苦似乎被遗忘了，人在意识上感受不到焦虑和恐惧。这种遗忘叫主动遗忘。在这种遗忘中，被潜抑的东西并没有消失，往往不知不觉地影响人们的日常心理和行为，而且一有相应的情境，被潜抑的东西就会冒出来，对个体造成更大的威胁和危害。否认是把已经发生的挫折和不愉快的情境加以否定，以避免心理上的不安和痛苦。如“眼不见为净”就是这种防御机制的表现形式。

（4）幻想

又叫白日梦，指个体以自己想象的虚幻情境来应付挫折，借以摆脱现实的痛苦，并在此虚幻的情境中寻求心理满足。一旦形成了以幻想来对付现实中的挫折将是十分危险的，并可能形成病态的行为反应。

（5）投射

投射又称推诿，是指将自己的不当、失误转嫁到他人身上，以减轻自己的负疚，或将自己所具有的某些不讨人喜欢、不被人接受的性格、态度，不被允许的观念或欲望转置他人，以掩盖自己那些不受欢迎的特征，从而起到保护自己，为自己行为辩护的作用。“以小人之心，度君子之腹”就是典型的“投射”。

（6）反向

这是一种“矫枉过正”的心理防御机制，即把自己一些不符合规范、不被允许的欲望和行为，以一种截然相反的态度或行为表现出来，以掩盖自己的本意，避免或减轻心理应激。

反向行为由于与动机相互矛盾，因而表现得过分夸张、做作。它虽然可以在一定程度上掩饰个体的真实动机，减轻因动机冲突而产生的痛苦，或者可以维护个体的自尊心，但是，掩饰包含着压抑，长期运用会从根本上扭曲自我意识，使动机与行为脱节，造成心理失常。

（7）逆反

持逆反心理的人往往为了排除内心的不满，会采取一些不符合社会规范、不被允许的愿望和行为，产生一些反社会行为。

（8）固着

个体在受到挫折后，采取刻板的方式，盲目重复某种无效的行为，以不变应万变的现象叫固着。一般而言，个体受挫折后需要有一种随机应变的能力来摆脱所遭遇的困境。但是有人在反复碰到类似的困境后，依旧用先前的方法盲目地解决已经变化了的问题，尽管他们知道这些行为对目标的达成、需要的满足并无帮助。如“碰鼻子后还不知转弯”便是固着的最好注释。如有些学生失恋后仍然心存侥幸，对对方念念不忘。固着行为通常容易发生在那些性格内向、倔强、看问题片面的学生身上，以及以感情为纽带的消极的非正式团体当中。

（9）逃避

当个体不敢或没有能力应对可能发生的挫折情境而逃离现场或现实的行为，就是逃避。它主要有两类情况：一是个体不敢面对自己预感的挫折情境的到来，逃向自认为比较安全或幻想的世界中去；二是从受挫情境中退却，压抑受挫情绪。这两者的共同点是“畏难而避”。

（10）自杀

自杀是遭遇挫折后的极端反应方式，也可以看作是受挫后针对自身的一种典型的特殊的攻击行为。如果挫折的打击来得突然而沉重，受挫者对挫折的承受力又很低，就会深陷于万念俱灰的泥潭而不能自拔。此时，如果得不到外力的帮助，受挫者又把受挫的原因归结为自己，就可能会自暴自弃，伤害自己的身体，甚至产生轻生厌世的思想。自杀行为实际上是一种自私的不计后果的表现，是对现实的逃避。心理学研究也表明，倾向于自杀的个体多为那些情绪不稳定、自卑、感受性强、依赖性强、以自我为中心、缺乏思考及灵活性的人。

第四节　挫折承受力的培养

人生难免会遇到挫折，没有经历过失败的人生是不完整的人生，没有挫折的考验，成就不了坚强的人格。挫折是生活的一部分，虽然我们不喜欢挫折，但在遭遇挫折时，能够提高自己的挫折承受能力，以积极的心态和良好的应对力去面对挫折，是个体心理成熟的另一种标志。萨迪曾说过："事业常成于坚忍，毁于急躁。"可见，个体要想成就一番事业，必须具有坚忍不拔的精神和很强的挫折承受力。而这种挫折承受力是一种后天习得的能力，不是个体生来就有的，因此需要进行有目的、有计划地培养，才能逐步提高。其主要措施如下：

一、自我暗示法

时常用含蓄、间接的方式，对自己的心理和行为产生积极影响。运用积极的心理暗示可以振作精神，增强信心。当个体遭遇挫折时，提醒自己一些具有正能量的努力方向和目标，就会提升自我的应对力量。

二、适当的挫折体验

适当的挫折体验能提高个体承受挫折的耐受力，常用的挫折体验有读书体验法和现场体验法。通过读书感受他人的挫折体验，或者现场亲身经历相应的挫折情境，从中学习和掌握相应的经验。

三、反向思维法

换个角度，或从积极光明的角度去看问题。"塞翁失马，焉知非福"，在遭遇挫折时，多从积极方面去思考问题，努力从不利因素中找到有利因素，化不利因素为有利因素，从而调整受挫后的情绪。面对挫折时，要冷静分析，从多方面、多角度去思考、分析各方面因素，采取补救措施。学会用自我宽慰去平衡自己的心理，要能容忍挫折，并努力争取成功。

四、积极主动地参加一些社会实践活动

一些学生之所以会时常遇到挫折，是因为他们在社会实践经验方面显得很“无知”，所以要尽可能利用节假日或业余时间，参与一些有教学意义的社会实践。例如，参加社区建设和社区服务、救助失学儿童等。此外，参加学校定期举行的丰富多彩的校园文化活动，也可以培养学生积极、乐观、健康向上的良好情绪。

五、正确认识自己，调适抱负水平

挫折总是与行为目标连在一起的，挫折就是行为受阻，目标没有实现。因此，当受到挫折后，要重新衡量一下目标是否定得过高，是否符合主客观条件。如果目标一直偏高，屡次不能实现，这样的挫折过于频繁，就会导致个体自信心下降，挫折容忍力也会下降。所以，个体首先要学会正确认识自己，全面、客观地评估一下自己所拥有的资源，然后再确定自己的抱负水平。职业技术院校学生正确地认识自己包括：学会发现自己的优点、肯定自己的能力及培养自己良好的兴趣和爱好等；同时还应注意学会悦纳自我，接受并不完善的自我，并给自己确立恰当的抱负水平。

第五节　意志品质与积极行为

人生没有平坦的、笔直的路可走，只有在前进路上不畏困苦、顽强应对、勇于进取的人，才能创造自己的人生辉煌；而经不起压力和挫折考验的人必然会被社会所淘汰。要战胜挫折、从容应对压力，必须发挥主观能动性，积极进行自我调适，并尽可能掌握和运用一些行之有效的意志品质和积极行为。

一、应对压力与挫折的原则

1. 平衡适度原则

躯体与精神两种压力和挫折是相互关联的，通过放松来释放躯体的压力和挫折感，精神方面的压力与挫折体验也会得到释放。

2. 保持积极心态原则

良好的心态能增加个体应对压力与挫折的能力，不良的心态本身就会干扰人的内心。

二、培养优良意志品质，建立积极行为模式

1. 优化人格，培养优良意志品质

个体要自觉优化自我人格，培养自己谦虚、勇敢、乐观、开朗、坚强、自信等良好意志品质，这样压力应对力和挫折容忍力就会增强。

【知识链接】

常用的建立自信的方法。

（1）挑前面的位置坐。当你总是坐在前面时，不但可以受到关注，也可以让你感觉自己比较积极进取，同时向别人传达出你很有信心。

（2）训练正视他人。正视他人等于告诉他：我正在关注你的谈话，我很诚实，我很自信。

（3）把走路的速度加快25%。心理学研究认为，懒散的姿势、缓慢的步伐常与对自己、对工作及对别人的不愉快的感受联系在一起。

（4）训练当众发言。不敢当众发言，或者总拖着不站起来发言，是信心不足的典型表现。

（5）训练咧嘴大笑。真正发自内心的笑不但能治愈自己的不良情绪，同时还能化解别人对你的敌对态度。学会笑、运用笑会使你变得更开心、更自信、更具有魅力。

（6）利用自信培养自信。

（7）做自己能做之事。当自己遭遇困难或对某些事难以把握的时候，最好是先停一停手中的困难之事，先去做一些容易的或者自己能够控制也有把

握做好的事，通过做自己能做之事来培养和增强信心。

2. 树立正确的目标

战胜压力和挫折的一个非常重要的方法就是要树立明确合理的奋斗目标。职业技术院校的学生在确立奋斗目标时，要把社会、国家和人民的要求与希望同自己的发展结合起来。一方面要树立为共产主义事业而奋斗的远大目标，另一方面还要把远大目标分解为中期和近期目标，以便分阶段、分步骤，逐步去实现。在目标的牵引和召唤下，调动自己的能力和潜力，充分利用各种有效资源，以积极的心态来对待和处理前进道路上遇到的各种压力与挫折，奋发进取。

3. 适时宣泄不良情绪

个体在产生压力感或挫折情绪体验后，需要寻找、创造一种能把因压力或挫折而压抑的情绪自由表达出来的适宜环境，把自己心中的压抑、焦虑和不安尽情释放出来，从而恢复理智。这就是通常所说的情绪宣泄法，是一种心理治疗的有效方法。要注意将过分压抑的情绪及时释放，使心中累积的不快情绪得到彻底宣泄，尽早恢复心理平衡；同时要选择适宜的场合和形式进行宣泄，做到不损害他人、集体和社会的利益；此外，个体也可以有目的、有计划地精心创设情绪宣泄的环境，例如，听几首好听的歌，或到田野散步，读书、运动，等等，都可以在一定程度上宣泄不良情绪。

4. 正确认识并构建积极的心理防御机制

心理防御机制常可起到缓冲心理挫折、减轻焦虑情绪等作用，对于每个个体都十分重要。消极的心理防御机制虽然也能起到暂时缓解心理矛盾和冲突的作用，但从根本上说，现实存在的矛盾仍没有得到真正解决，只不过是一种“自我欺骗”。如果一个人只依赖于消极心理防御机制而不去学习更为有效的缓解压力、克服挫折的方法，使心理防御机制成为个人应付问题起支配地位的反应方式，终日在曲解、掩盖或否定的现实中生活，就会使人格发展受到影响，形成病态心理。积极的心理防御机制在调适压力、缓冲心理挫折的同时，常常表现出一种自信、愉快、进取的倾向，有助于个体积极战胜挫折。常见的积极心理防御机制有：

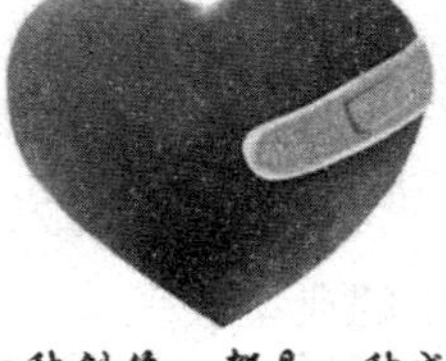

每一种创伤，都是一种成熟

（1）仿同

仿同又名认同，指一个人在遇挫而痛苦时，效仿他人获得成功的经验和办法，使自己的思想、信仰、目标和言行更适应环境的要求，从而在主观上增强自己获得成功的信念。比如有些学生常把一些历史名人、英雄楷模作为自己的认同对象，从他们的人生经历中吸取营养和动力，从而奋发进取。

（2）升华

一个人在人生的主要目标和兴趣上遇到挫折后，将自己不为社会所认可的动机或需要转变为符合社会要求的动机或需要，或遇挫后将低层次的行为引导到有利于社会和自身的较高层次的行为，这就是升华。升华的功效常常一方面转移或实现了原有的情感，达到了心理平衡，同时又创造了积极的价值，利己利人。比如歌德于失恋中得到灵感与激情，写出了脍炙人口的世界文学名著《少年维特之烦恼》。

（3）幽默

幽默是一个人的学识、才华、智慧在语言表达中的闪现。一个人在遇到挫折、处境闲难或尴尬时，可以用幽默的方式来化解困境，使自己内心的紧张和重压释放出来，维护自己的心理平衡。幽默不仅是聪明的表现，也是心理修养较高的表现。

（4）补偿

当由于主客观条件的限制和阻碍使个人的目标无法实现时，设法以新的目标代替原有目标，以现在的成功体验去弥补原有失败的痛苦，称为补偿。“失之东隅，收之桑榆”，如恋爱失败了而用功学习，用好成绩来补偿失恋的痛苦；相貌平平却在人品、才能上努力，等等。

【心理技能训练】

压力探源——走出圈外

1. 活动目的：

认识自己的压力。

2. 活动说明：

（1）时间：20 分钟

（2）材料：A4 白纸

3. 实施程序：

在白纸上写下对应的话：

（1）生活中常让你开心，但很少对人说的话；

（2）生活中常让你不开心，但很少对人说的话；

（3）一个你个人的目标；

（4）用3个词形容自己。

然后分组讨论或自我分析：自己的压力与自己性格的关系，压力的来源是来自于事件本身还是自身的认知。

【心理小测试】

（一）测试你的心理压力

以下30种情况，如果与你的实际状况相符合，请在题号前打“√”。

1. 经常患感冒，且不易治愈。
2. 常有手脚发冷的情形。
3. 手掌和腋下常出汗。
4. 突然出现呼吸困难的苦闷窒息感。
5. 时有心脏悸动现象。
6. 有胸痛情况发生。
7. 有头重感或头脑不清醒的昏沉感。
8. 眼睛很容易疲劳。
9. 有鼻塞现象。
10. 有头晕眼花的情形发生。
11. 有站立时发晕的情形。
12. 有耳鸣的现象。
13. 有口腔内破裂或溃烂情形发生。
14. 经常喉痛。
15. 舌头上出现白苔。
16. 面对自己喜欢吃的东西，却毫无食欲。
17. 常觉得吃下的东西像沉积在胃里，不消化。
18. 有腹部发胀、疼痛感觉，而且常下痢、便秘。
19. 肩部很容易坚硬酸痛。

20. 背部和腰经常疼痛。

21. 疲劳感不易解除。

22. 有体重减轻的现象。

23. 稍微做一点事就马上感到很疲劳。

24. 早上经常有起不来的倦怠感。

25. 不能集中精力专心做事。

26. 睡眠不好。

27. 睡觉时经常做梦。

28. 在深夜突然醒来时不易继续入睡。

29. 与人交际应酬变得很不起劲。

30. 稍有一点不顺心就会生气，而且时有不安的情形发生。

［记分与解释］

每项“√”计1分，最后汇总。

1～5分：轻微紧张，多加留意，注意调适休息便可以恢复。

6～10分：中度紧张，需要作相应的调整。

11～20分：严重紧张，需要重视，可以选择去做心理咨询。

21分以上：适应障碍，需要引起特别的注意，必要时需要看心理医生。

（二）你的挫折忍受性有多大？

指导语：为帮助你了解在挫折面前自己挫折容忍力的强弱程度，特设计本测验。本测验共有10道题，每道题有3个备选答案，请根据实际情况，选出最符合自己的那个选项。

1. 公路上发生一起交通事故，警察控制了局势，你（　　）

A. 停下来打听情况，设法帮助　　B. 袖手旁观　　C. 继续走路

2. 就在你准备出去玩的时候，家里急需你留下，你（　　）

A. 义无反顾地去玩

B. 非常不情愿地留下来，且满腹牢骚

C. 留下来，等有空的时候再去玩

3. 抱怨自己的健康状况，你（　　）

A. 经常　　B. 有时　　C. 从不

4. 在大街上发现某人不省人事时，你（　　）

A. 赶紧离去　　B. 设法帮助　　C. 找警察或叫医生

5. 当医生劝你注意休息，改变日常生活习惯时，你（　　）

A. 不予理睬　　B. 减少日常活动　　C. 原原本本地接受

6，很不幸，你在某件事上已失败两次，当别人劝你第三次努力时，你（　　）

A. 拒绝

B. 满腹狐疑地再试一次

C. 先考虑一会儿，作一番研究，然后再作尝试

7. 书读到精彩部分时，也到了睡觉时间，特别是第二天学习还需要全力以赴地完成，你（　　）

A. 接着读　　B. 匆匆浏览　　C. 立即合上书，躺下睡觉

8. 在某次聚会中，突然发现你的上衣或裤子破了，这时你（　　）

A. 赶紧回家　　B. 极力掩饰　　C. 请朋友帮助，以摆脱困境

9. 当确认自己被跟踪时，你（　　）

A. 撒腿就跑　　B. 停下来和别人说话

C. 继续向前走，直到有人的地方

10. 当不幸把多年的积累丢得一干二净时，你（　　）

A. 精神、肉体受到极大打击

B. 向朋友借钱

C. 耸耸肩，重新开始

计分标准：回答 A 得 10 分，B 得 5 分，C 得 0 分。结果评析：

50 ~ 100 分者：不是命运与你作对，而是你缺乏勇气。你应采取措施，使自己不要过分好奇、多疑或胆小怕事，勇于面对现实。

25 ~ 45 分者：你能正视人生，应付自如，希望你能持之以恒。

0 ~ 15 分者：能完美地处理各种问题，从不向困难折腰，你是命运的主人。

【小小思考角】

每个人在生活中都会面临压力与挫折，我们经常会遭遇“不得不”的场景，这时我们可能会有深深的无助感。请想象生活中让你“不得不”的事物

或场景，然后尝试把“不得不”改为“我选择”。这样的小练习多做几次，再回头感受自己的内心体验，你的压力与挫折感是否得到了缓解呢？你有没有自己独特又有效的压力和挫折应对方式？日常生活中又是怎样应用的呢？

第十章　网事如烟

【案例导读】

案例一

小陈中学毕业后的暑假，因无所事事在朋友的带领下走进了网吧，从此一发不可收拾，他的上网时间越来越长，有时吃住都选择在网吧里解决，最长的一次他父母竟然有十多天没见到他，最后还是在一个偏僻的网吧里把他“逮”回了家。回到家后，父亲先是把他绑到椅子上痛打了一顿，然后父母又轮番对他进行说教。但这些似乎对他都没有用，等父母去上班后，小陈又从家里偷拿了一些钱，继续跑到网吧去上网了。

案例二

小美几个月前在网上认识了一个网友，她被对方优雅的谈吐所吸引，深深地爱上了这位远在大城市的素不相识的网友。终于，网友要来与她见面了，小美激动的心情溢于言表。网友帅气的外表，良好的家庭背景都让小美很满意，小美期盼着能像网友说的那样早点毕业，早点去网友的那个城市，与他开始美好的生活。可是这一切的梦想都在网友离开后不久破灭了。网友在小美所在的城市玩了几天后，带着小美找同学借的钱离开了，然后就再没有了消息。而过了没多久，小美发现自己怀孕了……

【讨论】

1. 对于案例中的小陈，你认为他在合理使用网络吗？他如今的行为与哪些因素有关呢？

2. 小美的遭遇带给你怎样的感受呢？

【本章要点】

▶了解互联网的特征

▶理解职业技术院校学生的上网动机

▶了解职业技术院校学生常见的网络心理问题

▶学习培养健康网络心理

随着计算机科学与互联网技术的迅猛发展，人类进入了信息社会。信息社会突出表现为全球网络化，互联网已成为人们日常生活和工作中越来越重要的交往手段和通信媒介，并深刻地改变着人类社会的生产、生活和交际方式，同时更加深刻地改变着人类的思想观念和精神世界。今天，人们不仅可以通过互联网了解世界，而且可以在网上学习、交友、聊天、购物、开会、玩游戏，等等。但是，我们也应认识到，网络是把双刃剑。网络世界里既是一个充满自由、开放和平等的世界，也同时是一个充满诱惑与陷阱的危险之地。当代职业技术院校里也出现了一些迷恋上网而不能自拔的学生，他们随着上网时间的不断延长，开始出现记忆力下降、厌学、亲情淡漠、人际交往能力下降等现象。因此，面对这个既不可能也不必逃避的互联网，如何保持健康的网络心理，已成为人们密切关注的问题。

第一节　网络心理概述

一、互联网的特征

与其他媒体相比，互联网信息量大、传播速度快、人人都可以既是接受者又是发送者。网络之所以能吸引那么多人为之朝思暮想，是由其自身的特点决定的。

1. 网络的虚拟性。

所谓虚拟性是指互联网的存在状态是没有具体形态的，它以知识、消息、声音、图像和文字等作为自己的形式。每个用户就是这个虚拟世界中的一员，通过网络可以相互联系、沟通。

在网络出现之前，人们一般采用语言和书面两种交流方式，每个人都可以清楚地意识到交流的对象，能直接形成自己的情感倾向，通过交流给对方留下印象，并影响以后的交往。传统的交流方式依附于特定的物理实体和时空位置，并受着较为稳定的社会价值观念和文化的支撑和规约。但如今在网络中，虚拟商店、虚拟社区、虚拟学校等不断涌现，使得网民可以在网上交友、购物、学习、游戏和旅游观光，从事现实生活中存在的或虚拟的各项活动。正因如此，虚拟的网络环境为人类的生活、学习、工作提供了极大的方便，比如远程教育与虚拟图书馆就受到了广泛的欢迎，尤其是受到教育界的欢迎，它不但节省了大量的人力、物力，而且教学资料翔实，课程内容丰富，教学手段新颖，并能达到很好的交流效果。虚拟社区的推出，使得网络的虚拟性更有用武之地。在现实世界中，人人希望被理解，人人希望得到承认，人人渴望交流，但现实中的诸多因素阻止了人们交流的欲望，而虚拟社区提供了一个公正平和的交流场所，你可以随心所欲地发表你的看法，与他人交换意见。在网络技术的帮助下，每个人都可以选择自己喜欢的身份，就像比尔·盖茨说的那样："在互联网上没人知道你是一条狗！"这种虚拟的角色，使得交往的双方都没有任何心理负担，而容易形成一种为所欲为的心理。

2. 网络的开放性

互联网的开放性使互联网拥有了强大的生命力和活力。只要你具备上网的条件，无论你是什么国籍、什么种族、什么性别，无论你贫富尊卑，你都可以上网。以前距离让许多人多年失去联系，现在网络上的一切都变得不再遥远。网络也把不同宗教信仰、价值观、风俗习惯呈现在人们面前，经过自主选择，不同国家、不同民族、不同生活方式的人们通过学习、交流，达到了相互的沟通与理解。

3. 网络的直接性

网络用户可以在一个城市之内或者跨越世界数大洲进行相互交流。通过网络，可以给不同地理位置、使用不同机器并且运行不同操作系统之间的用户发送消息。因为网上的信息具备查找的方便性、易读性与生动性，每个用户都可以方便而直接地获得想要的信息，可以足不出户地与全球各行各业的人士相互交换信息，甚至直接进行交谈。从网络上还可以直接获得电子杂志、电子报纸、共享软件、流行音乐以及经典电影等，并且可以在不同的用户之间传输数据。这些都是网络的直接性的最好体现。

4. 网络的平等性

网络作为一个自发的信息平台，它没有所有者，因而也就没有任何人、任何机构或国家可以左右它、操纵它，在这里谁都有发言权，谁又都没有绝对的发言权。对于网上提供的各种信息，网民可以自主选择阅读或参与讨论话题。在互联网上，只有平等的网上公民和公民间的平等交流。

5. 网络的即时性

与传统媒体相比，网络媒体不仅能在第一时间将有关信息提供给读者，还尽可能地提供最丰富多彩的信息给读者，从事件的发生、发展，到事件的背景资料、相关事件等，从文字、图片，到音频、视频、漫画、动画等，使读者在短时间内即可对事件有一个完整而清晰的了解，并可根据自己的兴趣有重点地关注一些问题，这是任何一种传统媒体都无法独立完成的。

6. 网络的广容性

网络发布信息集中了传统媒体的优势，使得信息量前所未有地增大，再通过超链接的方式将丰富的材料立体式地发布。无论要什么信息，都可以在网上找到。

在看到互联网给人类带来巨大好处的同时，我们也应看到，其负面效应也在影响着人类生活，特别是正处于各方面都波动比较大的青年前期的职业技术院校的学生们，他们中的很多人被网络所吸引，并且在这个虚幻的空间里越陷越深，最终导致网络心理障碍的产生。

二、职业技术院校学生上网动机分析

1. 信息查询。网络信息资源丰富，且大多图文并茂，通过对这些资源的查询，可以快速运用前人或他人的知识，开阔视野。而且，当遇到疑难问题或需要更多信息时，无需购买大量的参考书或请家教，可以选择直接从网站上获得帮助，很多学生都把互联网看作是一个庞大的信息库。

2. 网络游戏。网络游戏依附网络状态，有高度的可参与性和交互性。客观地讲，网络游戏像任何娱乐产品一样，都有其积极的一面。除去一些品味不高、缺陷严重的游戏，大多数游戏都具有启迪智慧、丰满人格的作用。在网络游戏构建的虚拟世界中，参与者除了得到娱乐、学到知识之外，还可以经历真实世界中的各种体验，如友谊、竞争、团队精神等。但是从另一方面看，网络游戏基本上是以战斗、升级为主的，这也带来一系列的负面效应。部分学生为了能够到网吧玩游戏而节衣缩食，除了上网需要花钱外，还要花钱买“装备”才能继续在网络里拼杀。除了金钱，部分学生将最为宝贵的时间都浪费到网络游戏上了，最终玩物丧志。

3. 网上聊天。各种网络聊天室的存在，让人们可以选择在网上聊天交友，这为交流带来了极大的方便。你可以跟各种认识的、不认识的人海阔天空地聊天，而且还能通过聊天结识不同的朋友，等等。因为网络的匿名性，使得人们可以在网上畅所欲言，将在现实中不敢讲的话也通过键盘的敲击向对方倾诉。同样，网络交流也存在负面影响，如部分网络用语不文明、很多学生迷恋于聊天，甚至有的学生被网友欺骗等。

4. 浏览下载。通过查询下载各种资料、音乐、电影、手机铃声等是职业技术院校学生对互联网的另外一种利用方式。

三、网络对职业技术院校学生心理需求的满足

随着互联网的普及，网络以其虚拟性、丰富性和互动性深入人们的生活中是必然的。但也正因此特点，不少职业技术院校的学生沉迷于网络中，影响了学习也影响了心身健康。他们从最初简单接触网络到流连于各网站中，网络究竟满足了他们哪些需要，而使他们如此的迷恋呢？

1. 好奇与娱乐心理

职业技术院校的学生正处于青年前期，有着强烈的好奇心，而网络的丰富性和功能性，传递信息的迅捷性，让他们的好奇心得到满足。通过网络可以了解各地的风情，通过网络可以创造一个从来没有过的生活环境。同时，

职业技术院校的学生有较多的可以自由支配的时间，他们上网时希望通过聊天、游戏、下载音乐、看新闻等方式获得精神上的满足和愉悦。

2. 交往与归属心理

传统的交往方式，让部分学生因受年龄、性别、性格等方面的影响而产生交际困难等交往问题，而网络却可以打破地域空间的限制，使他们的交往变得更快捷、方便；同时，每个个体都有强烈的合群心理，希望自己能得到同伴的认可和接纳，但有些学生因原生长环境、家庭及个性因素而可能在交际中产生严重的挫折感和孤独感，网络为他们提供了虚拟的空间和角色，让他们得以找到在现实中没法实现的归属感，获得理解和支持。

3. 寻求自我价值心理

有不少同学现实中或因学业不良或因身无所长而产生强烈的自卑心理，网络为他们提供了这样一个展示自我的平台，无论是写一段青涩的文章还是在游戏中不断晋级，都让他们找到了展示自我能力的平台，让他们从虚拟的世界里找到了自信，自我价值感得到体现。

4. 逃避与宣泄心理

有一部分学生在现实中或交友受挫，或学业有压力，让他们觉得难以应付，追求快乐的本能让他们沉迷于网络之中，从而可以起到暂时逃避现实，并在一些特定的游戏中通过打拼而获得情绪的宣泄。

第二节　职业技术院校学生网络心理问题

一、网络消极行为及网络心理障碍的产生原因

心理还没有完全成熟的职业技术院校学生在网络面前尤其表现出缺乏足够的理智，一部分学生沉溺于网络世界，一部分人因受其不健康内容的影响而误入歧途。其中网络本身内容的丰富性、娱乐性和获取的快捷性，交往的开放性、虚拟性等特点，极大地满足了他们的好奇心、求知欲，使他们在网络中大开眼界，并深陷其中，这是引发其网络心理障碍的一个重要原因。其他方面还有：

1. 家庭因素

许多调查资料证实，父母的不良嗜好、家庭氛围不和谐、人际环境不佳

及父母的教养方式和态度不好，均是造成学生网络成瘾和其他网络心理问题的重要因素。

2. 学校因素

（1）校风、班风及人际关系。校风和班风很好的学校和班级中的学生，网络问题出现较少；同时，与老师、同学等交往好的学生网络问题出现较少。

（2）学生自我认知。学生个体如果有在班级的地位高、学习上乐趣多以及学习成绩好等正面自我评价，网络问题就会出现较少。

（3）学校的课余生活。学校课外活动丰富多彩，学生的参与兴趣高，积极性、主动性能被调动起来，网络问题出现就会少些。

3. 社会因素

现在各院校周围分布着数量较多的网吧，这对学生无疑具有极大的吸引力。

4. 学生个体因素

学生社会经验欠缺，自我约束能力差，因此产生网络心理问题就在所难免。

（1）个体自制力及应对方式。职业技术院校学生的心智尚不成熟，存在自制力差、遇事易冲动等特点。一旦遇到情感挫折或遭遇生活事件打击等就容易出现沉溺网络的消极行为，企图通过这种方式逃避现实或调整心态。

（2）不良人格。在专家的研究中可以发现，高依赖的网络使用者的人格特质具有独立、情感丰富、警觉性高、低自我揭露、反传统的性格，似乎具备这些人格特质的人更容易依赖于网络的虚拟世界。加上网络的交流沟通方式有别于传统的沟通模式，其中匿名性功能更适用于感情丰富但惧怕公开表达的网络使用者，使具有这些人格特质的人得以用另一种表达方式来发出自己的声音，使个人的情感得以抒发。

目前网络对职业技术院校学生心理健康的负面影响主要表现在：人际交往能力下降，易产生不良情绪体验，情感趋于淡漠，因过于沉溺于网络而导致心理自我的分裂——产生网络双重人格。

二、职业技术院校学生主要的网络心理问题

职业技术院校学生群体中经常出现的网络心理问题主要表现为对网络的无节制使用，存在较强烈的精神上的渴望，随后发展为身体上的依赖，不能上网则情绪低落、疲乏无力、形容憔悴、茫然失措，只有上网后精神才能恢复正常，生理上出现兴奋后的抑制和衰竭现象。

1. 网络依赖

网络依赖症是最近出现在职业技术院校学生群体中的一种常见的网络心理问题。一部分学生长时间地沉溺于网络游戏、聊天、安装或下载软件，造成对网络的过度依赖和依恋，导致个人心理受损，使正常的学习、生活及社会交往受到严重影响。

网络依赖的个体会身不由己地接触网络，而且用网越久就会产生越大的依赖感，离开网络以后就会觉得浑身不自在，发展到最后就会变成一种强迫行为——抓紧每一分钟上网，但上网时不再有以前那么大的乐趣了，有时觉得自己上网是因为意志薄弱，还会为此产生负罪感，可还是会忍不住上网。他们或者迷恋于网络游戏，或者迷恋于信息收集，或者迷恋于网络制作，或者迷恋于网络恋情……这些网络依赖的个体都有兴趣单一、上网时间过长等特点。

2. 网络孤独

网络孤独是指希望通过上网获取大量信息，通过网上娱乐、网上人际交往来提高或改变自己，但上网却并未能解除孤独，或反而因为上网而引发孤独感的不良心理状况。

有些学生因性格内向、自卑，习惯自己承受心理压力，不愿或不善于与人交往，他们更喜欢网上交往的隐匿性，常通过上网向网友宣泄自己的不良情绪，以获得自己心情的放松。但当他们

一旦回到现实中来，发现自己还是如从前般孤独；而且因为在网络虚拟世界中，人们无法看到对方的面部表情、身体语言以及副语言系统的变化，即使有视频聊天的辅助，听和看相结合的体验仍然是有限的。因此，在习惯了“冰冷”的交际手段后，很多学生就无法适应现实的交往，结果他们一旦下线离开电脑，就很难表达自己，无法与他人沟通。不少学生网上广交朋友，但现实生活中，对于自己的家人、同学却表现得越来越冷漠。心理学家指出：“当一个人专注于某一事物时，对其他事物都有不同程度的忽视。”由此来看，长时间与电脑相处，将会在情感上对网络产生眷恋和过分依赖的心理，从而缺少与人交流，产生心理上的孤独感和人际交往障碍。

3. 畸形网恋

网络使得人们传递感情的方式得到延伸，谈恋爱也从现实世界扩展到了网络世界。有不少学生希望通过网络结识对方，然后以网络为媒介，在网上谈一场轰轰烈烈的恋爱。但是，应当警惕的是，现实中有太多的例子在向人们警示，网恋大多是没有结果的悲剧，因为网恋中有太多的虚拟，这就给有些人以可乘之机，这远非是学生个体所能够独自掌控的。

爱情是人生最为美好的感情之一，任何健康的恋爱都应该以情感为基础，以为对方负责为前提，要求恋爱双方保持专一，网恋同样应该如此。然而由于网络的特殊性，网恋的恋爱方式更为灵活，更便于瞒天过海，可选择的范围更广，网恋也就往往容易演变成部分居心叵测者玩弄异性的手段。他们往往没有固定的网恋对象，和几个人同时保持着情感关系，逢场作戏，游戏人生，玩弄和欺骗对方。

网恋一般都是通过聊天、论坛及电子邮件等方式进行的，而正由于交际手段的限制，所以对对方的认识往往是片面的，复杂的人性在网络的掩护下得到了部分遮蔽。很多事实证明，那些在网恋中遭受侵害，吃了大亏的人，多是由于受到网络的蒙蔽和限制，缺乏对对方的深刻了解而最

终尝到苦果。

4. 网络自我迷失和自我认同混乱

网络的匿名性使得人们隐去了真实身份，借助网络所提供的虚拟环境，使不少学生感觉身份迷失、无所适从。青年前期还没有形成清晰和牢固的自我同一性，所以当网络屏蔽了个体与现实生活的联系时，个体就会误以为网络中的他就是现实中的他，网络所虚拟的就是现实，这就会让个体产生角色混乱、性别混乱等心理危机。

第三节　健康网络心理的培养

一、正确的网络认知

网络既是一个全新的、充满自由和开放的虚拟世界，也是一个充满诱惑与陷阱的危险之地。职业技术院校的学生应认识到网络只是一个工具，网络资源是人类社会不可缺少的财富，但它只是学习的辅助工具；网络具有很多功能，有很多优点，但同时也有其局限性，有些人就因为过度使用网络而形成网瘾或造成网络犯罪；网络世界是一个与现实世界不同但又与现实世界有一定联系的虚拟世界，我们可以合理使用两种环境为自己的学习和生活服务，而不能将两个世界等同或相互替代。夸大网络的功能并进而认为网络是解决一切问题的灵丹妙药，或认为网络是带来人的自我迷失的症结而否定网络的作用都是错误的。只有树立正确的网络认知，才有可能正确地面对网络，合理地使用网络资源，准确地把握自我，处理好现实与虚拟社会的关系，避免网络心理问题的产生。

二、学会自我管理，合理使用网络

在网络世界里，由于信息含量巨大，各种文化与价值观念交织纷纭，各种诊断莫衷一是；另一方面，网络世界又是一个充满自由的社会，缺乏外在约束。过多地沉迷于网络是对现实的一种逃避，是一种退缩行为，会导致个体社会责任感的淡化，不仅不能真正解决现实问题，反而会导致自我迷失，产生人际沟通障碍、非理性甚至是反社会的行为。在缺乏较强他律的网络社会里，自律的重要性与意义显得尤为突出。一个缺乏自律的人不可能是一个自尊自重的人，也是一个不能获得自由与自我价值实现的人。职业技术院校的学生要自觉培养明辨是非、善恶的能力，自觉抵御各种网络不良信息，做到克已、自省；同时，要做到在现实和网络两个世界里，能自觉约束自己的言行举止，能自尊、自爱、自律和自制，做现实社会和虚拟社会的良好“公民”。同时，在上网之前要制订好上网的计划和目标，有意识地给自己限定时间，有意识地控制自己上网的行为和目的，从而可以合理、有效地使用网络。

三、注重学校网络心理健康教育

1. 要充分发挥心理咨询的作用。做到既充分认识到学生沉迷网络的根源，又要及时疏导，及时矫正其心理问题，使学生的烦恼有合理的宣泄渠道。可以系统开设心理健康教育课程，举办讲座，开展心理健康团体辅导。

2. 加强校园文化建设。丰富的课余生活可以有效地防止学生落入网络陷阱、克服网络依赖。学校通过开展各种健康向上的校园文化活动，吸引学生的注意力，让他们的创造意识和热情能有效地发挥，可以在一定程度上减少其上网的时间及对网络的热情。

【心理技能训练】

酸甜苦辣网络行

1. 活动目的：

认识使用网络给自己带来的各方面影响。

2. 活动说明：

（1）时间：20 分钟

（2）材料：A4 白纸

3. 实施程序：

联系自己实际情况，列出自己每周在网络中的使用时间，并按上网内容将时间划分，画出饼状图，看自己在哪些方面花费的时间多，分析自己是否在合理使用网络。

【心理小测试】

网络依赖度自测

下面是美国心理学家金伯利·S·扬（Kimberly. S. Young）于1998年编制的网络成瘾测试量表，为了估计你的上瘾程度，用这个尺度表回答下列问题：

1＝完全没有　2＝很少　3＝偶尔　4＝经常　5＝总是

1. 你有多少次发现自己在网上逗留的时间比你原来打算的时间要长？

2. 你有多少次忽视了自己的家务而把更多时间花在网上？

3. 你有多少次更喜欢因特网的刺激而不是与亲人之间的亲密？

4. 你有多少次与你的网友形成新的朋友关系？

5. 生活中的其他人有多少次向你抱怨你在网上所花的时间太长？

6. 你的学习成绩和学校作业有多少次因为你在网上多花了时间而受到影响？

7. 在你需要做其他事情之前，你有多少次去检查你的电子邮件？

8. 由于因特网的存在，你的学习表现或学习效率有多少次遭受影响？

9. 当有人问你在网上干些什么时，你有多少次为自己辩护或者变得遮遮掩掩？

10. 你有多少次用因特网的安慰性的想象来排遣你生活中那些烦人的考虑？

11. 你有多少次发现自己期待着再一次上网的时间？

12. 你有多少次担心没有了因特网，生活将会变得烦闷、空虚和无趣？

13. 如果有人在你上网时打扰你，你有多少次厉声说话、喊叫或者表示愤怒？

14. 你有多少次因为深夜上网而睡眠不足？

15. 你有多少次在下网时为因特网而出神，或者幻想自己在网上？

16. 当你在网上时，你有多少次发现自己在说“就再玩几分钟”？

17. 你有多少次试图减少自己花在网上的时间但却失败了？

18. 你有多少次试图隐瞒自己在网上所花的时间？

19. 你有多少次选择把更多的时间花在网上而不是和其他人一起外出？

20. 当你下网时，你有多少次感到沮丧、忧郁或者神经质，而这些情绪一旦回到网上就会无影无踪？

当你回答了上面的所有问题后，将每项回答中你所选择的数字相加从而得出最后的分数。分数越高，你的上瘾程度以及因使用因特网所造成的问题就越严重。这里有一个简单的尺度表来帮助你评判你的分数。

［计分与解释］

1. 20～39分：你是一个普通的网络使用者。你有时可能会在网上花较长的时间冲浪，但是你能控制自己对网络的使用。

2. 40～69分：由于因特网的存在，你正越来越频繁地遇到各种各样的问题。你应当认真考虑它们对你生活的全部影响。

3. 70～100分：你的因特网使用正在给你的生活造成许多严重的问题。你需要现在就去解决它们。

自测后提醒或建议：

此问卷仅作为了解自己使用，如有疑问，请咨询专业人员。

【小小思考角】

根据自己统计得出的网络使用饼状图，想一想上网给自己带来了哪些麻烦（如缺少睡眠、学习效率降低等），你有网络依赖的趋势吗？该做什么样的调整才能让自己不被网络捆绑呢？

第十一章　异常心理及心理困惑

【案例导读】

案例一

小雪从小就特别爱干净，但她的讲卫生程度似乎超出了常人难以接受的境地，比如放在宿舍的箱子被塑料纸严严实实地覆盖着，天天要擦拭得纤尘不染；不在宿舍的时候，床上的帘帐一定要放下、关严；所有的物品都有固定的摆放位置，不让其他人乱动；从不与同学分享食物，怕有细菌……有好友提醒她，这样的生活方式太累了，也让大家难以接受，她只淡淡一笑，自嘲自己有点洁癖而已。

案例二

小蔡，性格内向，自尊心特别强，处事谨小慎微。她总以为别人时刻在注意她、评价她，担心自己会出什么差错，让人瞧不起。后来在班级举行的一次辩论活动中，她因平时知识积累较多而被同学推选为辩手，在百般推托无效后，她勉强同意参加。当轮到她发言时，因众人的目光都盯在她身上，她忽然特别担心自己会说不好，会让人笑话，然后就说不出一句话来。此后，她见人就躲闪，有人与她聊天，她就面红耳赤、语无伦次，以至于发展到见人就害怕。

案例三

某职业技术院校一年级学生，自入学半年以来常感膝盖疼痛，自感不能活动，一动就会疼，为此他拒绝上体育课。因前些天的体育成绩测试，不得已他活动了一会儿，随后觉得疼

痛难忍。去医院检查没有任何器质性的病变，医生说他是受凉引起的，注意保暖，过些日子会好。但他认为这是医生的误诊，或者自己得了什么严重的病，也许自己的腿再也保不住了，并产生恐惧心理。从此，情绪一落千丈，成绩逐渐下滑。

【讨论】

1. 小蔡的经历你怎么看？对于这样公众发言或表演的场景你一般是选择逃避还是努力克服？

2. 对于“心灵感冒”的个体我们应该怎么对待？

【本章要点】

►理解异常心理的判别方法

►了解职业技术院校学生常见心理问题

►了解常见心理疾病

职业技术院校的学生正处于成长发展的过程中，无论在生理还是心理上都具有独特性、重复性和不平衡性。据调查发现，在他们中有20%～30%的学生存在着不同程度的强迫、焦虑或抑郁问题。如果这些心理问题或疾病不能得到有效的调节和治疗，就有可能导致精神疾病，甚至引发自杀、犯罪等行为。

第一节　异常心理的判别

判断个体的心理活动是否正常，是否具有心理疾病，其判断标准并不是非此即彼、黑白分明的。而往往是依据一些参照原则进行衡量。判断异常心理的总体指导原则有三条。

第一，个体行为是否与其所处情境的要求相符合，即主体的心理活动是否与环境具有统一性。

第二，个体自身的心理活动是否具有完整的协调统一性。

第三，个体的个性特征是否具有相对的稳定性。

对心理疾病实施诊断的实际操作过程中，所运用到的判定标准如下。

1. 经验标准。首先是患者的主观经验，由于患有心理疾病，患者可能经历过不愉快，或自己不能控制某些行为，无法摆脱困境。据此，患者本人可以判断自己存在心理疾病，并主动求助于医生。但是，仅仅依靠患者自身主观经验作为判定标准是不够的，一方面，当心理疾病严重到一定程度时，患者本人会丧失自知力，即难以对自己心理状态做出符合客观实际的认识和评价；另一方面，某些精神疾病患者，例如，精神分裂症患者，他们并不认为自己的心理有异常。

经验标准还包括医者自身的主观经验，即设身处地的诊断模式，若患者的心理活动与自己相同，则为正常；反之，则为异常。这种经验标准因人而异，欠可靠性。

2. 社会适应标准。人是在特定的社会文化环境中生活，社会则对个体的行为具有规范性的要求。人要适应社会环境，其行为就必须符合社会规范，必须根据社会要求和道德准则行事。因此，心理和行为异常是相对于社会常态而言的。通过考察一个人对人对己的态度，与他人交往的方式，和人际关系情况，社会适应和社会功能情况，就可以对其是否具有心理异常作出判断。使用这一标准时，应注意社会文化的差异，在某一社会文化背景下被认为是正常的心理和行为，在另一社会文化背景下可能被视作异常。

3. 社会常模和统计学标准。即对正常心理特征进行测量，它是以群体中具有这种心理特征的人数分布为依据的。把变态心理看作是对“正常的偏离”。

4. 精神症状标准。心理疾病就其主观上的感受体验或客观上的动作行为都必然有其外在表现。异常心理活动的临床表现即为各种心理（精神）症状。因此，是否存在精神症状可作为是否异常的判定标准。

第二节　职业技术院校学生常见心理问题成因与调适

一、适应不良

适应不良是困扰很多职业技术院校学生的一个重要问题，使他们出现不同程度的心理障碍。因适应不良而陷入困惑、迷茫，以致最终碌碌无为的现象也比较突出。适应不良现象几乎包揽了职业技术院校各年级、不同层次的学生，只是表现不同、侧重不同而已。

1. 成因

（1）缺乏努力的目标。对于未来会是怎样的，很多学生除了迷茫外，并不能及时有效地为自己制订合理、合适的目标与计划，在这种无目标状态下，渐渐失去学习和生活的动力，进而出现各种不适症状。

（2）自我定位不足。对于自我状态的分析流于形式和表面，更多地关注外在的一些东西，而忽视了自我内在的需求，进而影响自身对环境和人际的适应，是很多职业技术院校学生面临的问题。在这些问题面前，他们往往表现得不知所措，并出现焦虑、抑郁等不良情绪状态。

2. 调适

（1）形成正确的自我观念

生活在当今社会的个体，不能只依靠被动地顺应环境来解决问题，还需要主动地去调适环境，才能保持自我与环境之间的和谐关系。而这种和谐关系又是建立在个体能否对自我做出客观评价的基础之上的。自我评价过高，会因自己的优越感而造成目空一切的不良个性；自我评价过低，觉得自己事事不如人，又可能妄自菲薄，影响健康人格的形成。所以，只有当个体充分了解自己的能力及特点时，才能确定适合自己的恰当的追求目标，并通过艰苦努力最终实现这一预期目标。

（2）主动适应新环境

生活在社会中的个体都有自己的生活方式，由于学校教育制度和教学活动特点的限制，职业技术院校学生的生活方式有其独特的模式，包括学习、日常生活和闲暇娱乐。对于刚入学的新生来说，过好独立的但又是集体的生活，是学习道路上遇到的新的课题。

二、人际交往障碍

职业技术院校的人际交往范围发生变化，交往对象变得复杂多样，交往要求也提出了更高的标准，还有不少学生毕业后，因交往能力差而无法适应错综复杂的社会，因人际关系不适导致孤独与压抑，甚至造成心理严重扭曲，产生很多社会问题。

1. 成因

（1）以自我为中心，缺乏共情能力

很多学生容易从自己的角度考虑问题，只强调他人应理解自己，喜欢指责和抨击他人，这是造成人际障碍的首要原因；同时，较少地站在对方的角度和立场看问题，带着自己的主观经验和感受去评判他人，也是人际关系紧张、交往挫折产生的重要原因。

（2）人际交往中缺乏技巧

很多学生抱怨人与人之间太难相处了，感觉人际交往过程过于复杂，实际上是缺乏必要的交往技巧的训练。要知道，人际交往虽然是人们社会生活中的心理需要，也是需要后天努力学习的技能。

（3）冲动心理强烈

职业技术院校的学生个体正处于一个特定的生理和心理发展期，自我控制、自我约束能力较差，遇到问题容易感情用事，因此即使很小的问题，也往往由于一时冲动，最终导致严重后果。

2. 调适

（1）学会自我展示和印象管理

自我展示就是要向外在的他人和内心的自己展现出一种能够受到赞许和接纳的形象。在这个过程中，印象管理起到了非常重要的作用。无论是初始的第一印象，还是长期交往的自身形象，都是个体应该重点关注的管理方面。

（2）培养良好的人际沟通技能

第三节 常见心理疾病

心理疾病是由于个人及外界因素导致人脑机能出现障碍，引起思维、情感、行为和意志等心理活动失调的心理反应，同时伴有明显的身体不适感。

一、心理疾病及种类

心理疾病又称精神障碍或心理障碍，是指心理（精神）功能紊乱，并达到影响个体的社会功能或使自我感到痛苦程度的心理异常状态。心理疾病与精神病的概念有一定的区别，心理疾病概念的外延较大，而通常所说的精神病概念的外延较小。精神病是指存在有明显的幻觉、妄想等精神症状，自知力丧失的严重情况。通常人格障碍、性心理和性行为障碍、智力发育障碍（精神发育迟滞）属于心理疾病的范畴。

按照不同的依据标准，心理疾病可以作不同的分类。依照是否可以检出器质性病变标准，可以将心理疾病划分为器质性心理疾病和功能性心理疾病；依照心理疾病对个体社会功能损害程度的不同，心理疾病可以被划分为重性精神病（如精神分裂症等）和轻性心理障碍（如各种神经症）。

二、神经症

神经症是精神科的常见病、多发病之一。神经症又名神经官能症或精神神经症，是指非器质性的、大脑神经机能轻度失调的心理疾病，是具有一定人格基础、起病常受心理社会因素影响的轻度精神障碍的总称。主要包括强迫症、抑郁症、神经衰弱、癔症、焦虑症、恐惧症、疑病症等。神经症主要表现为各种躯体或精神的不适感，常伴有情绪低落、胡思乱想、焦虑、忧郁、恐惧、强迫、失眠、注意力不集中、记忆力下降等。

神经症和其他疾病一样，也会对患者的工作、学习、家庭生活以及社会交往等方面造成一定的不良影响，有的甚至要休息调理一段时间。但神经症造成的不良影响应该说还是在正常范围之内，一般都不会引起家庭和社会的混乱，也不会出现严重后果。

（一）神经症的共同特征

1. 神经症起病通常与社会心理因素有关

随着社会文明的进步与发展，城市化加速、居住环境日渐稠密、社会竞争激烈、社会动荡等均导致人们的精神紧张，而这种精神紧张在神经症发病中的作用日益突出。

2. 患者常具有某种特定的人格

神经症常见于情绪不稳定和性格内向的人，个性具有多愁善感、焦虑素质、刻板、过于严肃、悲观保守以及孤僻等特征。

3. 不能发现和症状相符的器质性病变

神经症的症状可以在多种躯体疾病中见到，但是不能称之为神经症，神经症目前仍被认为是一种功能性精神障碍。

4. 社会功能相对完好

神经症患者的生存能力、学习和工作能力，以及人际交往能力基本完好。这种完好是相对的，和重性精神病相比，神经症的社会功能是完好的；但是和正常人相比，这种完好将大打折扣，患者在坚持学习、工作和人际交往方面非常吃力，效率低下，适应性很差。

5. 自知力存在

神经症患者对自身的状况具有良好的认识，他们的现实检验能力正常，也就是说，对于环境和自身都能做出正常判断。即使有时不接受医生的诊断，只要仍在主诉症状，仍然有摆脱症状的强烈愿望，也不能说他们没有自知力。

（二）几种主要的神经症

1. 强迫性神经症

强迫性神经症是以不能为主观意志所克制，反复出现的观念、意向和行为为临床特征的一组心理障碍，简称“强迫症”。患者的自我观念、意向、动作、行为重复出现又难以控制，从而引起紧张不安的内心冲突。强迫症状的特点是有意识的自我强迫和自我反强迫同时存在，二者的尖锐冲突使患者焦虑和痛苦，患者体验到观念或冲动系来源于自我，但违反他的意愿，遂极力抵抗和排斥，但无法控制。患者认识到强迫症状是异常的，但无法摆脱。病程迁延的强迫可表现为以仪式化动作为主而精神痛苦显著减轻，但此时社会功能严重受损。

强迫症的病因比较复杂，许多研究者分别从神经生化、遗传学以及心理学等多种途径探讨这一现象的成因，到目前为止，还没有一个十分有说服力的解释。但是研究者都承认人格特质、社会环境因素直接影响强迫症的形成。

（1）强迫症患者都有强迫性人格，这类人格的特点是：多疑、认真、谨小慎微、优柔寡断、遇事过于细致、讲求精确、事事指望万无一失、处事古板、固执倔强等。具有此种人格的人在过度劳累或遭受某种精神打击等特定条件下会诱发强迫症。

（2）社会心理因素是强迫症的重要诱发因素。诸如由于工作、生活环境的变迁，责任加重，处境困难，担心意外，家庭不和或丧失亲人，受到突然的惊吓，等等。有些正常人偶尔也有强迫观念，但若在社会因素影响下被强化而持续存在，就会形成强迫症。

强迫性神经症依据其临床表现通常被划分为强迫观念及强迫行为两类。应该注意的是，强迫行为往往是为减轻强迫观念而引起的焦虑，患者不由自主采取的一些顺从性行为。某些慢性病程的强迫症患者，他们往往通过某些仪式性的动作行为来消除焦虑，久而久之则成为习惯性动作，这时，患者不再感到痛苦。

2. 焦虑性神经症

焦虑性神经症是一种内心紧张不安，预感到似乎将要发生某种不利情况而又难以应付的不愉快情绪。主要分为惊恐障碍和广泛性焦虑两种。不同于恐惧，恐惧在面临危险时发生，而焦虑发生在危险或不利情况来临之前。其主要临床表现，常伴有头晕、胸闷、心悸、呼吸困难、口干、尿频、尿急、出汗、震颤和运动性不安等症，其焦虑并非由实际威胁所引起，或其紧张惊恐程度与现实情况很不相称。

焦虑症与正常焦虑情绪反应不同：第一，它是无缘无故的、没有明确对象和内容的焦急、紧张和恐惧；第二，它是指向未来，似乎某些威胁即将来临，但是患者自己说不出究竟存在何种威胁或危险；第三，它持续时间很长，如不进行积极有效的治疗，几周、几月甚至数年迁延难愈。最后，除了呈现持续性或发作性惊恐状态外，同时伴有多种躯体症状。

焦虑性神经症可分为以下两种类型：

（1）惊恐障碍

惊恐障碍基本特征是反复发作的严重焦虑（惊恐发作），发作不限于某一特殊情境或特殊场合，因而难以预料。主要症状因人而异，但常有突发的心悸、胸闷、窒息感和眩晕感。几乎所有惊恐发作患者都有出现对死亡的恐惧，或害怕失去控制，害怕发疯。部分患者有出冷汗、手抖、站立不稳等症状出现。

（2）广泛性焦虑症

广泛性焦虑症基本特征为广泛和持续的焦虑，表现为缺乏明确对象和具体内容的提心吊胆和紧张不安。除了焦虑心情外，还有显著的植物神经症状和肌肉紧张，以及运动性不安。

职业技术院校学生中常见的焦虑症多由于对考试或择业等的恐惧引发，其特点是心理活动处于消极的低效状态。

3. 恐怖性神经症

恐怖性神经症又称恐怖性焦虑障碍，是一种以过分和不合理地恐怕外界环境或处境为主的神经症。对某些情境、场合产生不必要的恐惧心情，不能自控地尽量回避，不但别人认为难以理解，全无必要，有时本人也知道这是不切实际、不合情理的，但却不能摆脱。患者采取回避行为，并有焦虑症状和植物神经功能障碍的一类心理障碍。

恐怖性神经症大多能追溯到病前的社会心理因素，患者病前性格特征多为胆小、羞怯、被动、依赖、容易紧张、焦虑等。恐怖性神经症主要分为三种类型。

（1）场所恐怖症

最初用这一名称描述对广场感到恐惧的综合征。目前已不限于广场，还包括对人群拥挤场合、商店、剧院、车厢等感到恐惧，也包括害怕空旷地方，害怕离家或独自一人在家。

（2）社交恐怖症

常起病于少年，表现为害怕被人审视、回避社交的情境。如在公共场所吃饭或与异性交谈感到紧张不安，害怕被人观看、注视。具体可表现为：恐惧被别人注视，恐怕自己会做出丢脸的言谈举止；或者怕自己在别人面前张口结舌，怕吃饭时由于有人注视而丑态百出，在公共厕所里怕因恐惧而解不出小便；或者，由于旁边有人而恐惧得手发抖以致无法写字；害怕在公共场所呕吐，等等。由于害怕，他们拒绝参加各类聚会，也可能回避所有公众场合如餐厅、剧场和公共车辆等。在极端的情况下，可引起完全的社会隔离。除焦虑外，还有面红、心慌、震颤、出汗、恶心、尿急等症状。

患者多数有自卑感并害怕别人评论自己。虽然也可见到抑郁、强迫症状，但不如广场恐怖症多见。本症与广场恐怖症的不同之处在于，患者的先占观念是害怕别人给予不好的评价和自己感到发窘，从而行为上表现出避开与他人的接触和交谈，而不是害怕无法离开。

（3）特定恐怖症

特定恐怖症指特殊物体或情境引起的不合理焦虑。如接近某些动物、登高、雷雨、黑暗、锐器、外伤或出血、害怕接触到某些疾病等。

职业技术院校的学生一般多表现为社交恐惧，如缺乏自信、过分关注自身，害怕在众人面前说话等。

4. 抑郁性神经症

抑郁性神经症又称神经症性抑郁，是由社会心理因素引起的一种以持久的心境低落状态为特征的神经症，常伴有焦虑、躯体不适和睡眠障碍，患者有治疗要求，但无明显的运动性抑制或精神病情症状，生活不受严重影响。是一种以持久的心境低落状态为特征的神经症，常伴有焦虑、躯体不适感和睡眠障碍。国际上通称其为“心境恶劣”。

职业技术院校学生中易患抑郁症的个体多是对他人过分依赖、好思虑、多愁善感，他们在遭受心理刺激或长期处于紧张、压抑的状态下，如亲人病故或分离、失恋、择业挫折等重大生活事件面前，就容易产生抑郁情绪，不能得到及时调解时，进而引发抑郁性神经症。患抑郁症的个体会感到缺乏愉悦感，思维迟钝，失眠早醒，体重下降，严重时会自责自罪，甚至会产生自杀的念头。

5. 疑病性神经症

疑病性神经症是一种以担心或相信自身患有严重躯体疾病的持久性优势观念为主的神经症。患者往往对自身的健康状况或身体的某一部分功能过分关注，怀疑患了某种疾病，但与实际情况不符，医生对疾病的解释或客观检查常不能消除患者对自身健康固有的成见。常因为这种症状反复就医，并伴有焦虑和抑郁，为此深感苦恼。有些时候，患者确实存在躯体障碍，但躯体障碍不足以解释所诉症状的性质或程度，或患者的痛苦和优势观念与现实不符，也属疑病症。

判定疑病症有四个条件：一是自己害怕患病；二是反复就诊仍不放心；三是自己内心非常苦恼，不能正常工作生活；四是上述症状连续出现三到六个月以上。这四个条件缺一不可。

职业技术院校学生的疑病症表现多为过分关心自身健康和身体任何轻微的变化，症状以骨骼肌肉和胃肠系统多见，常伴有焦虑、忧虑、恐惧和植物神经功能障碍症状。

6. 神经衰弱

神经衰弱的主要临床是与精神易兴奋相联系的精神易疲劳，心情紧张、烦恼和易激惹等情绪症状，以及肌肉紧张性疼痛和睡眠障碍等生理功能紊乱症状。神经衰弱在职业技术院校学生中较为常见，往往因过度疲劳而又不能及时休息，或精神负担过重，遭遇重大丧失，人际关系过度紧张等原因而引发。

神经衰弱的症状表现为以下几个方面：

（1）易兴奋、易激惹。表现为回忆和联想增多，不易自我控制，不能专心于某一件事情。同时，又会表现得特别敏感，容易生气和发怒。

（2）脑力易疲乏。如看书学习稍久，则感到头胀、头昏；注意力不集中，学习和工作效率明显降低。

（3）头痛，且部位不固定。通常是由紧张情绪引发，有时会表现为持续性或间歇性，也会出现钝痛或刺痛。

（4）睡眠障碍。多为入睡困难，早醒，或醒后不易再入睡，多梦。

（5）植物神经功能紊乱。有心动过速、出汗、厌食、便秘、腹泻等躯体症状。

7. 神经性厌食症

神经性厌食是一种自己有意造成和维持的，以节食造成食欲减退，体重减轻，甚至厌食为特征的进食障碍，常引起营养不良，代谢和内分泌障碍及躯体功能紊乱。神经性厌食症最基本的症状是厌食，食欲极度缺乏，身体消瘦。

职业技术院校学生中有一部分群体存在着不同程度的厌食、节食行为，开始时具有因怕肥胖而有意节食的心理和行为，继而出现没有限度地限制饮食，体重下降迅速。该类患者常有情绪不稳、焦虑、失眠、强迫观念，有的还会引发继发性抑郁病态心理，严重者可有自杀观念及行为。

三、重性精神疾病

重性精神疾病指严重的心理疾病，患者的认识、情感、意志、动作行为等心理活动均可出现持久的明显的异常；不能正常的学习、工作、生活；动作行为难以被一般人理解，显得古怪、与众不同；在病态心理的支配下，有自杀或攻击、伤害他人的动作行为；有程度不等的自制力缺陷，患者往往对自己的精神症状丧失判断力，认为自己的心理与行为是正常的，并拒绝治疗。

1. 精神分裂症

精神分裂症是重性精神疾病里最严重的一种，它是以基本个性改变，思维、情感、行为的分裂，精神活动与环境的不协调为主要特征的一类最常见的精神疾病。患者存在思维、知觉、情感和行为等多方面的障碍，精神活动和环境不协调；在个性上给人一种独特和自行其是的感觉，出现与现实脱节的异常情感，如对亲人、朋友欠体贴。病情加重后，对周围事物的情感反应变得迟钝，对一些使人产生莫大痛苦的事情无动于衷，但对一些琐事反而大怒，出现情感倒错、反应与环境不协调。这些症状均发生在意识清晰和智能正常的情况下。

精神分裂症的主要症状是基本的思考结构及认知发生碎裂。这种解离现象会造成思考形式障碍，并导致无法分辨内在及外在的经验。罹患精神分裂症的人可能会自己表示有幻觉，或者旁人可以发现他们的表现受幻觉影响；患者也可能表达明显的妄想观念，有被跟踪感、被控制感、被洞悉感；情感淡漠，生活懒散，自制力缺乏。

2. 情感性精神障碍

情感性精神障碍，又称作心境障碍，是以心境显著而持久的高扬或低落为基本特征，伴有相应的思维和行为改变，并反复发作，间歇期完全缓解，症状较慢者可达不到精神病程度的精神障碍。一般预后良好，少数患者可迁延而经久不愈。

本病发作可表现为躁狂相或抑郁相，其临床表现是以情感高涨或低落为主，伴有思维奔逸或迟缓，精神运动性兴奋或抑制。躁狂状态时，患者心境高扬，与所处的境遇不相称，可以兴高采烈，易激惹、愤怒、焦虑，严重者可以出现与心境协调或不协调的妄想、幻觉等精神症状。抑郁状态时，患者心情不佳、苦恼、忧伤到悲观、绝望，高兴不起来，兴趣丧失，自我评价低，严重者出现自杀观念和行为，病情呈现为昼重夜轻的节律性变化。大多具有反复发作的病程特点，具有较高的阳性家族史。

【知识链接】

精神分裂症的早期症状

认识精神分裂症的早期症状是十分重要的，可以早发现及早治疗。急性起病者病前很难发现或者根本就不存在早期症状。大部分患者是在无明显诱因下缓慢起病，仔细观察分析一般都能发现有如下一些早期精神症状：

睡眠改变：逐渐或突然变得难以入睡，易惊醒或睡眠不深，整夜做梦，或睡眠过多。

情感变化：情感变得冷漠，失去以往的热情、对亲人不关心、缺少应有的感情交流，与朋友疏远，对周围事情不感兴趣，或因一点小事而发脾气，莫名其妙地伤心落泪或欣喜等。

行为异常：行为逐渐变得怪僻，诡秘或者难以理解，喜欢独处，不适意地追逐异性，不知羞耻，自语自笑、生活懒散，发呆发愣，蒙头大睡，外出游荡，夜不归家等。

敏感多疑：对什么事都非常敏感，把周围的一些平常之事和他联系起来，认为是针对他的。如别人在交谈，认为是在议论他；别人偶尔看他一眼，认为是不怀好意。有的甚至认为广播、电视、报纸的内容都和他有关；察言观色，注意别人的一举一动，有的认为有人要害他，不敢喝水、吃饭、睡觉，有的认为爱人对他不忠而进行跟踪。

性格改变：原来活泼开朗、热情好客的人，变得沉默少语，独自呆坐似在思考问题，不与人交往；一向干净利索的人变得不修边幅，生活懒散、纪律松弛，做事注意力不集中；原来循规蹈矩的人变得经常迟到、早退，无故旷工，工作马虎，对批评满不在乎；原来勤俭节省的人，变得挥霍浪费，本来很有兴趣的事物也不感兴趣等。

语言表达异常：与其谈话话题不多，语句简单、内容单调，谈话的内容缺乏中心或在谈话中说一些与谈话无关的内容，使人无法理解，感觉交谈费力或莫名其妙，或自言自语，反复重复同一内容等。

脱离现实，沉湎于幻想之中，做“白日梦”。

【心理技能训练】

活动主题：改变心境，改变人生

活动时间：20 分钟

活动准备：分组，每组 6 ~ 8 人

活动实施：

1. 请用十个形容词形容自己，并在组内讨论是否有负性描述的词语。

2. 在组内同学的帮助下，换一种视角，用积极的词语替换刚才找出的负性的自我评价词语。

3. 找出今天发现的美好事物与同学分享，并学会每天去发现美好事物。

【小小思考角】

想要减少自己心灵感冒的中招概率，就要提升自我对美好事物的接纳与感受，比如情绪的稳定管理，比如和谐人际的保持。亲爱的同学们，学完这一章节的内容之后，你是否能够针对自己惯常的心理应对方式，找出其中合理和不合理的方面，并对自己不合理的应对方式做出相应调适呢？还是找出你的心情记录本，写下相关的心理探查吧。

第十二章　精彩人生

【案例导读】

妍某，来自偏远的山区，是家乡唯一考出来的学子，但家庭的贫困险些让她与学业失之交臂，是村里各家各户用尽了积蓄才凑够了她第一学年的学费。妍某很珍惜这得之不易的学习机会，大学四年边打工边上学，最终因成绩优异而被一家医院录取。后来家里邻居生病了，要来她所在的医院就医，想找她帮帮忙，妍某起初借口忙没有答应，后来干脆手机关机，不见她的邻居。邻居很失望，不明白当初那个勤学、热心肠的小女孩到哪儿去了。

【讨论】

对于妍某的做法你持什么样的观点？有没有更恰当、合理的处理方式？

【本章要点】

▶理解感恩的内涵

▶了解职业技术院校学生的危机及干预模式

▶了解心理咨询

生命的可贵在于它的不可重复性，在于它的过程的不可逆性。每个个体的生命都是值得尊重的，每个个体都应该珍爱生命，活出自己生命中的精彩，让自己的生命绽放出美丽的花朵。

第一节　学会感恩

感恩，就是感谢给予恩惠的意思，是对别人所给的帮助表示感激。可以说，感恩既是一个人所应遵循的基本道德准则，也是做人最基本的修养。

一、感恩的表现形式

1. 尊重和孝敬父母

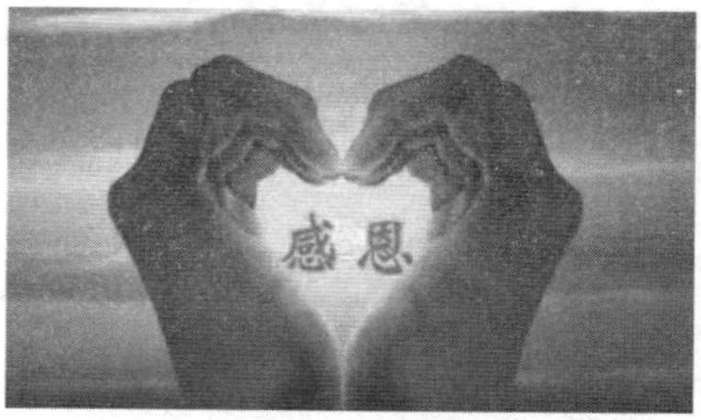

中国有句古语：“百善孝为先。”父母在我们成长的过程中，给了我们数不尽的、不求回报的爱。孝敬父母，全心全意去报答父母的养育之恩，是做人的本分，是天经地义的美德，也是各种其他美德形成的前提。“乌鸦反哺，羔羊跪乳”，而我们更应该对父母有感恩之心、感激之情。同样，对长辈说话礼貌，举止文明，是个人良好教养的体现，也是感恩父母的另一种重要表现。

2. 热爱祖国和奉献社会

国家和社会是我们生活乃至生存的物质条件和精神条件的提供者和支援者。因此，个体不应该只专注于个人的发展，应该在实现自我的同时，对社会常怀感恩之心，为社会多做贡献，在奉献社会的过程中提升自我。

3. 对生活心存感激，善待自我

面对生活中的种种挫折，我们也要心存感恩，因为世上没有十全十美的事物。学着换一种角度去看待人生的失意与不幸，对生活时时怀一份感恩的心情，勇于面对生活的种种考验，就能使自己永远保持健康的心态、进取的信念。

英国作家萨克雷说：“生活就是一面镜子，你笑，它也笑；你哭，它也哭。”我们对待生活的态度决定了我们生活的质量和意义。我们经常听到自己身边的人有各种各样的抱怨，但是当你抱怨的时间久了，就会慢慢失去对美好生活的信心。对生活感恩，善待自我，会让我们对生活心存美好，对人生充满希望。

4. 对他人心存感激，善待身边的每一个人

在英国，很多古老的教堂的石墙上刻着：思考与感谢。经常向别人表达谢意，是一个人感恩心态的最好的体现，是建立和维系个体人际关系的最有效的方法，也是个体所应具有的最基本的道德素养。

二、培养个体良好的感恩心态

当前，很多学生的感恩意识缺失、亲情淡漠，在处理人际关系时以“我”为中心，不能与人为善，只知被爱，不懂回报。造成他们感恩意识缺失的原因是多方面的，既有社会、学校和家庭方面的因素，也有其自身的因素。社会环境的影响主要是市场经济使一部分人在竞争的压力下产生了一种片面追求个人利益的心态。有些学校在校园文化建设方面并没有形成“学会感恩”的良好氛围，无法有效引导学生形成正确的人生观、价值观和道德观，导致学生感恩意识缺乏。而长期家庭教育重心的失衡也会直接导致孩子感恩意识的缺失。另外，职业技术院校学生自我教育意识的不成熟，对事物的认知往往显得片面和绝对化，看问题比较极端，也会阻碍他们感恩意识的形成。

学生感恩心态的培养是一个社会化的配套工程，不仅需要学生自身的努力，更需要社会、学校和家庭等多方面的努力。

第二节　危机表现与干预

危机是人们重要生活目标受挫时所经受的心理失衡、无法主宰自己生活的一种状态，也是许多人在生活中可能遭遇的生存际遇。如果当事人未能有效地应对，危机则有可能导致个体严重的精神病态，甚至会导致自杀、自残、伤害他人的悲剧性后果。

一、职业技术院校学生危机的特点

由于职业技术院校学生的心理发展水平正好处在埃里克森所谓的“自我同一性的角色混乱”时期，是人生中最重要的阶段。他们在这一时期产生的心理危机的特征既有普遍性，也有特殊性，一般来说，其心理危机的特点主要表现在以下方面。

1. 具有普遍性

普遍性是指心理危机从一定意义上讲是每个人成长过程中都会遇到的问题，没有人能够幸免。心理危机是个体的非正常、非均衡状态，是一种正常的生活经历，并非疾病和病理过程。心理危机表明个体正在努力抗争，力求保持自身与环境间的平衡。虽然心理危机是不可避免的，但是通过设定目标、形成计划、妥善处理，是可以安全渡过心理危机的。

2. 具有复杂性

复杂性是指造成心理危机的原因可以是生理的，也可以是心理的，还可以是社会性的。心理危机的来源可以是外部的，也可以是内部的。所以危机是个体的生活环境、家庭教养、朋友交往等关系相互交织的综合反映，不遵循一般因果关系的规律。心理危机的程度与生活事件的强度不一定成正比，而更重要的取决于个体对生活事件的认识以及个体的应对能力、既往经历和个性等。不同的学生在同样的压力情境下，有的产生了心理危机，有的却能适应良好。

3. 具有易察性

由于与同学共同生活在校园环境当中，学习、生活相对有序和单一，接触的对象主要是同学、老师，受到学校各种纪律的约束，如有异常现象，容易被同学、老师察觉。因此，职业技术院校学生心理危机具有易察性。

4. 具有动力性

动力性是指在心理危机的过程中，焦虑和冲突总是存在的，这种情绪导致的紧张为变化提供了动力。也有人把心理危机看作成长的机会或催化剂，它可以打破个体原有的定势或习惯，唤起新的反应，寻求新的解决问题的方法，增强挫折的耐受性，提高环境适应的能力。

二、危机的种类

心理学家布拉默认为，危机按其来源分为三方面内容：

1. 成长性危机

职业技术院校学习阶段正处于青年前期或中期，正处于生理发育的基本成熟和部分心理发展相对滞后的特殊时期，人生观和世界观逐渐形成，心理状态不稳定，容易受到外界的各种影响而产生心理危机。成长性心理危机持续时间短，变化急剧；易出现消极现象，如厌学、人际冲突及情绪冲动等特点。

2. 境遇性危机

境遇性危机是指由外部环境造成的，突如其来的、无法预料的和难以控制的心理危机。如遭遇地震而引起的心理危机。

3. 情感性危机

情感性危机是指一个人在感情中遭到突然的打击，使他无法控制和驱使自己的感情，从而严重地干扰他的正常思维和对事物的判断处理能力，甚至使工作学习无法进行。在极度的悲痛、恐惧、紧张、抑郁、焦虑、烦躁下，极易产生自杀的念头和做出莽撞的事来，导致精神崩溃。

三、心理危机的识别

当个体面对危机时会产生一系列身心反应，一般危机反应会维持 6～8 周。危机反应主要表现在生理上、情绪上、认知上和行为上。生理方面可能表现为肠胃不适、头痛、失眠、做噩梦等；情绪方面出现害怕、焦虑、沮丧、抑郁、易怒、自责等状况；认知方面常出现注意力不集中、缺乏自信等状况；行为方面出现社会退缩等现象。这些危机反应都会影响个体的生活和心理健康。学会识别心理危机是危机干预成功的第一步。识别职业技术院校学生个体的心理危机，可以从以下几个方面来判断：

1. 情绪的突然改变。当个体的情绪突然改变，出现不良情绪反应，如情绪低落、无故哭泣，烦恼或喜怒无常，自我评价丧失等消极情绪时，就有发生心理危机的可能。

2. 行为活动的变化。当个体出现行为异常，自制力丧失不能调控自我，孤僻独行等非常态行为时，需注意是否有心理危机问题了。行为异常也是判定个体患有抑郁症的重要依据之一。

3. 丢弃或损坏个人平时十分喜爱的物品。如果个体把自己平时很喜欢的东西随意丢弃或毁坏等，则意味着不正常的心理行为发生了，而且是心理障碍达到危机的程度时，才会出现的情况。

4. 自杀意图的流露。如谈论自己的死或与死有关的问题，谈论绝望的话题，或写下遗嘱之类的东西。有的甚至已经试图采取过某些手段企图自杀。

当我们的身边出现这些行为表现的同学时，一定要引起注意，及时地提供帮助或争取外在的支持。

四、职业技术院校学生的危机干预

所谓危机干预是指对处于困境和挫折中的个体予以关怀和支持，使之恢复心理平衡的过程。干预的方法有很多，大致可归为两大类：一种是情绪干预，再一种是问题干预。常用的形式有自我干预和共同干预两种。

（一）自我干预

自我干预的目的在于从自身的角度出发来解决危机，调整情绪，使自身的功能恢复到危机前的水平。

1. 寻求专业帮助。处于危机中的个体往往感觉心绪混乱，这时可以向处理危机问题的专家请教，或从有关书籍中寻找解决问题的办法。

2. 积极调整情绪。危机的出现显然会使人们极度地紧张和沮丧，这些情绪反应不仅表现为内在的、强烈的不适感，而且消极的挫折体验将使危机进一步恶化。因此，调整情绪的中心环节，就是要培养承受这些痛苦感受的能力。通过调整情绪，将使诸如焦虑导致恐慌、沮丧导致失望等情绪的恶性循环得到控制。当危机超出我们的控制能力以及我们无力改变外部事物时，把握自己的情绪尤为重要。

（1）抑制与分散转移

情绪调整包括抑制、分散等回避痛苦的方法，这些方法能转移人的消极思想和情绪，为个体的心理重建赢得时间。抑制在一定程度上是自动的过程，分散活动的主要目的是回避痛苦的现实。分散活动只是为了分散痛苦，而不是解决特定问题。抑制法和分散法有其明确的使用范围，特别是在危机的早期阶段。

（2）找人倾诉

向别人诉说自己的情感、往事和痛苦的经历能使悲伤变得可以忍受。每一次的诉说相当于痛苦的再体验，因此，逐渐地人们就会变得不那么恐惧。这种一般性的治疗人类疾病的方法是相当有效的。

（3）良性的自我对话

在危机中，当情感系统被激发时，人们通过和自我谈话来调节情绪问题。比如，通过对自己说安慰或平静心态的话来调节焦虑，通过有意识地提醒自己注意事物积极的一面来缓解沮丧情绪。良性的自我对话在帮助人们超越不能忍受的痛苦时非常有用，运用它不会让人感到彻底的崩溃和失控，而且痛苦的感觉越强烈，努力说服自己的自觉性就越高。

3. 建立良好的人际关系

良好的人际关系有助于遭受危机的个体重新适应社会，还可以分散他们的注意力，使得他们不再为消极紧张的情绪所困扰。

4. 学会正视危机

面对现实，正视危机，有利于个体激发自身潜在的力量，动员一切资源来寻求危机的解决办法。

（二）共同干预

心理健康教育不只是几个心理健康教育工作者和几个学生管理工作者的事，而应是全校教职员工和学生的共同课程。教师可以寓心理健康教育于教学过程中，注意培养学生正确的学习观和学习方法，发挥其心理潜能，减轻其心理压力，淡化学生的自卑情绪；同时，教师作为示范性的角色，应注重优化自身的心理素质，完善人格，保持良好的状态，起到良好的榜样作用。而学生更应注重自我教育，把心理健康教育作为完善自我的一种途径，而不是一种形式。

班级干预是学校共同干预工作的中坚力量，因为无论是班主任老师还是班内的同学，都与处于危机中的学生有很强的熟悉度，这本身就利于干预工作的开展；同时，班级内部联络方便、信息畅通，便于实施危机干预，也有利于干预效果的巩固。

班级干预工作中要以预防和教育为主，强调干预的及时性。对于在班级里出现的危机事件要及时上报，避免延误干预的最佳时机；并且要在第一时间启动干预措施，以防止过激行为的产生，如自伤、自杀或伤人等。当某个学生处于严重焦虑或急性精神失常状态下，存在着自伤、自杀或伤人毁物的危险时，对此必须认真加以评估，一旦发现患者具有伤害自身或他人的危险时，应立即向对口医院精神科转诊。干预工作还要注意妥善预后和跟踪回访，在实施全面心理普查的前提下，筛查出有较严重心理问题的对象，及时跟踪了解当事人的现状及变化，根据当事人的需要，有针对性地提供辅导和帮助。并将信息跟踪、定期回访和心理状态的评估结合起来，加以适当的引导。

（三）设置危机干预机构，普及有关预防自杀的知识

如建立危机干预中心、生命热线、希望热线，使处于危机中的人知道求助的机构。许多高校设置的心理咨询热线，能有效地为处于危机状态中的人提供及时的帮助，自杀者在自杀前犹豫不决、万分痛苦时打了电话，咨询员立刻介入，采取紧急对策，可以有效地避免自杀行为的发生。

普及的指导应该包括自杀的原因、有自杀倾向者的表现和危害、自杀者的心理、自杀的预防机构等，这样有利于做好自杀的早期发现和预测，并采取有效措施及时预防自杀。

【小贴士】

有研究表明，52% ~60% 的自杀者在自杀前 1 至 8 周曾发出过求助信号，80% 的自杀者曾向外界表达过意图。自杀征兆的具体表现为：

1. 情绪反常。如持续的焦虑与愤怒、过度的罪恶感和羞耻感、痛恨自己、害怕失控、害怕疯狂、担心伤害自己和别人、极度悲伤等。

2. 人格改变。如退缩、厌倦、冷漠、犹豫不决，或更为喧闹、多话、外向。

3. 语言。时常谈论生死问题。谈论或撰写有关死亡或毁灭的情节，对死亡的话题感兴趣。如：“人活着真没意思”，这可能就是有自杀意图的个体发出的自杀信号，表明其正处于生与死的两难选择中。另外，一般情况下，自杀者会在自杀前与最亲近的人联系（一般是父母），对后事作交代，如：“感谢你们的养育之恩”“多保重身体”，等等。

4. 行为改变。自杀者往往表现出与平常不一样的行为，如：平时睡眠很好的，突然翻来覆去整个晚上睡不着；平时喜欢运动、喜欢热闹的，突然愿意一个人待着，对什么也不感兴趣了；无缘无故地去探望自己的亲友。

5. 生理方面有所反映，如：呼吸急促、疼痛、出汗、颤抖、失眠、体重下降等。有的自杀者本身没有生理疾病，但在自杀前常常感到身体不适，其实这是心理冲突在生理上的反应。

6. 与家庭社会隔绝，孤立自己。

7. 饮食、睡眠习惯改变。睡太多或失眠，有时候会很早醒来，没有胃口或吃得过量。

【知识链接】

英国著名科学家霍金，为世人所推崇，不仅仅因为他是智慧的英雄，还因为他是一位人生的斗士。在新闻发布会上一位女记者问道：“霍金先生，帕金森氏病已将你永远固定在轮椅上，你不认为命运让你失去太多了吗？”霍金用还能活动的手指，艰难地敲下一段文字：

我的手指还能活动，

我的大脑还能思维，

我有终生追求的理想，

有我爱和爱我的亲人和朋友；

对了，我还有一颗感恩的心。

无人不被他感动，并不是因为他曾经的苦难，而是他直面苦难时的坚守、乐观和勇气！人生有得便有失，有苦也有乐，如果谁总认为失去的太多，总被挫败感折磨，谁才是最不幸的人。

第三节　心身健康与心理咨询

正如本书的第一章所体现的，真正意义上的健康应该表达的是身心健康的含义，但是作为社会中的个体，难免会因为各种原因而引发心理上的困惑，进而造成行为上的困扰、躯体上的不适。当困惑与困扰超出个体自身防御能力时，心理咨询就变得必要和必须了。

其实心理咨询是随着社会发展，人们开始重视精神生活的产物。寻求心理咨询并非误解的所谓“有病”，而是一个人的内在资源暂时被遮蔽，他要从这种遮蔽状态中走出来，去更真实、有效地生活。作为职业技术院校的学生个体，在遇到自己难以解答的心理困惑时，应第一时间想到利用好学校的咨询资源，去寻求专业老师的帮助。

一、心理咨询的准备

1. 来访者本人要有心理咨询的愿望

心理咨询以语言沟通为基础，这种沟通建立在来访者对心理老师的信任和自愿的基础上。若来访者没有沟通的愿望或是被班主任老师强迫带领至此，不情愿谈及真实的自我，咨询效果会受到影响。

2. 来访者不必担心谈话的内容外露

心理咨询工作的原则之一是为来访者保密，有些来访者因担心自己的心事泄露，在咨询时往往隐去某些问题，这将不利于心理老师做出诊断和提供帮助。

3. 来访者最好有自助意识

心理咨询重要的是来访者积极主动配合。有的来访者没有这种意识，在咨询后对心理老师布置的作业不实施，总想在心理老师那里获得一种简单易行的解决方法，却不知咨询本身是一个连贯程序，没有咨询室外的自身努力与改变，往往会导致咨询没效果。

4. 来访者不要急于追求效果

心理问题不是一天两天形成的，它可能是由多种原因造成的。在咨询的过程中可能先要对问题产生的原因进行调适，然后才是外在症状的改变，这可能会是一个较为漫长的过程。来访者要给自己时间，等待改变。

5. 咨询的时间限定

一般的咨询时间都是50分钟一次，因为时间过长、内容多，不便于来访者清晰地理解、接受主要问题的核心部分。

二、心理咨询的流程

心理咨询一般先要经过电话咨询预约或现场预约，初步搜集来访者的资料，例如姓名、性别、家庭背景及想要咨询的问题等；第二步是通过咨询双方的沟通，对来访者的问题有一个初步的判断，从而确定后期的咨询方向与咨询时间；第三步是根据已制订的咨询计划，咨询双方定期、按时会面咨询；最后，根据初期制订的目标计划，在解决了来访者的问题，达到预期目标后可结束咨询。

【小贴士】

心理咨询三问：

1. 在心理咨询中，会发生哪些事？

通常我们会被带入一个安静、不被打扰的咨询室中，进行一周一次、一次50分钟左右的咨询。心理老师会用尊重、接纳及关怀的态度去倾听并试图了解我们所说的话，并依其专业来运用不同的方法，引导我们整理自己纷乱的心情，使我们可以静下心来处理自己的问题。所以，心理老师最重要的责任在于陪伴及协助我们去面对问题，让我们有力量去突破困境。

2. 可以跟心理老师谈些什么？

当你在有困扰却不知道该怎么办时，例如遇到人际、情绪、学习、感情、生活适应、职业生涯、性、家庭、压力应对等问题，都欢迎来到咨询室，在这里你可以放心地将心中所有的疑问提出来与心理老师讨论。要记得，心理老师并非提供完美的解答，而是协助我们去寻找自己的答案，并且会提供一些心理健康方面的信息与协助，帮助我们渡过难关。

在咨询室中坚持保密原则，心理老师有义务为我们所讲的隐私守密。可是如果我们有想要伤害自己或他人的念头、影响到人身安全时，心理老师为了保护我们，就必须做紧急处理，例如联络家人，让我们能得到更妥善的帮助。

3. 心理咨询到底要多少次呢？

次数是依我们个人需要来决定的，如果是关于一般问题的，大多需要3～4次左右；如果问题比较复杂，次数可能会更多。但主要还是依照自己的需要及心理老师的评估。

【心理技能训练】

活动主题："生命线"

活动时间：约20分钟

活动准备：一张白纸、一支笔

活动实施：每个人在白纸上画上一条有起点有终点的直线，那就是代表你生命的一条线。请根据线的长度在直线上标出具体的位置点：

1. 今天你年龄的所在点，写上今天的年龄及今天的日期；

2. 预测你死亡年龄的所在点；

3. 写出过去影响你最大或令你最难忘的三件事；

4. 写出今后你最想做的三件事或最想实现的三个目标。

每人用10分钟的时间完成上述任务，然后6～8人一个小组，组内成员分享生命线的解释，请注意自己与他人内心的反应。

【小小思考角】

生命不是单一的，生命是丰富多彩的，即使"痛苦"也是生命的一部分。你想好怎样规划自己的人生，让自己的生命更加绚烂多彩了吗？拿起笔，写下你的人生目标吧。

参考文献

陈翻红，熊娟梅：《大学生心理素质训练教程》，北京：北京师范大学出版社，2013

孙武令：《大学生职业生涯规划与心理健康教育》，济南：山东人民出版社，2015

宋彩玲，徐传庚：《大学生心理健康教育》，济南：山东人民出版社，2009

曾凡星，刘瑞海：《大学生心理健康》，济南：山东人民出版社，2009

饶淑园，赖美琴：《大学生心理健康》，广州：暨南大学出版社，2009

侯桂芳：《新世纪大学生心理健康教育概论》，济南：山东人民出版社，2007

段鑫星，赵玲：《大学生心理健康教育》，北京：科学出版社，2008

樊富珉：《大学生心理健康与发展》，北京：清华大学出版社，1997

彭林珍，舒毓昆：《高职高专大学生心理健康教程》，北京：科学出版社，2007

樊富珉：《团体心理咨询》，北京：高等教育出版社，2005

张驰，田宝伟，郑日昌：《团体心理训练》，北京：开明出版社，2012

章志光：《社会心理学》，北京：人民教育出版社，1998

（美）迈尔斯，侯玉波、东国安、张智勇等译：《社会心理学：第11版》，北京：人民邮电出版社，2016

郑雪：《人格心理学》，广州：暨南大学出版社，2006

（法）弗朗索瓦·勒洛尔，（法）克里斯托夫·安德烈、欧瑜译：《无处不在的人格》，北京：生活书店出版有限公司，2015

陈玮：《微人格心理学》，北京：中央编译出版社，2015

胡佩诚：《心理治疗》，北京：中国医药科技出版社，2006

郭斯萍，曾红：《雨季，给你一把伞》，广州：暨南大学出版社，2007

王登峰：《变态心理学》，北京：时代文化出版公司，1993

盛唐：《变态心理学》，北京：台海出版社，2016

（美）布莱克曼，郭道寰等译：《心灵面具：101 种心理防御》，上海：华东师范大学出版社，2011

唐汉卫：《大学生活：困惑与反思》，济南：山东人民出版社，2010

彭聃龄：《普通心理学》，北京：北京师范大学出版社，2004

（美）金伯利. S·扬，毛英明等译：《网络心魔：网瘾的症状与康复策略》，上海：上海译文出版社，2005

林崇德：《发展心理学》，北京：人民教育出版社，1995

图书在版编目（CIP）数据

心理健康教育概论 / 王晓冬，马东霞主编．—2版．
—— 济南 ：山东人民出版社，2010.8（2020.9重印）
ISBN 978-7-209-05405-8

Ⅰ．①心… Ⅱ．①王… ②马… Ⅲ．①心理卫生－健康教育－职业高中－教材 Ⅳ．①G479

中国版本图书馆CIP数据核字(2010)第130610号

心理健康教育概论
王晓冬　马东霞　主编

主管单位　山东出版传媒股份有限公司
出版发行　山东人民出版社
社　　址　济南市英雄山路165号
邮　　编　250002
电　　话　总编室（0531）82098914
　　　　　市场部（0531）82098027
网　　址　http://www.sd-book.com.cn
印　　装　济南万方盛景印刷有限公司
经　　销　新华书店

规　　格　16开（169mm×239mm）
印　　张　13.75
字　　数　200千字
版　　次　2017年9月第2版
印　　次　2020年9月第5次
ISBN 978-7-209-05405-8
定　　价　28.00元